動出孩子的專注力

簡單・安全・有效的
兒童居家注意力運動訓練計畫

增訂版

詹元碩 博士
兒童注意力訓練專家 ◎著

U0047777

新手父母

Part
1 你的孩子注意力夠集中嗎？

Part 2 大腦與注意力發展的關鍵期

Part 3 吃什麼可以增加注意力？

Part **4** 運動能有效開發孩子的大腦潛能

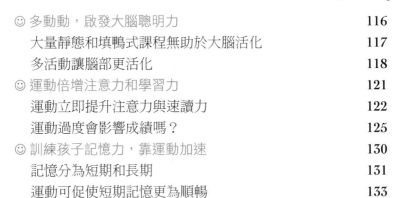

Part **5** 運動力等於競爭力

*15*分鐘居家注意力訓練計畫──
「三部份十階段注意力訓練計畫」

	階段	熱身運動	提升「警覺」性
		1 分鐘	4 分鐘
時間		**動作：**〔原地跳躍〕 次數：8 次 做法：扭一扭腰，轉一轉腳踝。	**動作：**〔原地快跑〕 次數：30 秒 X2 組 請參見 P161
基礎期	第一階段		**動作：**〔蓋房子〕 次數：6 次 X2 組 請參見 P163

功效　結合了安全、有效與省時三大重點，每天進行 15 分鐘。訓練將注意力分成警覺性、專注性、靈敏性注意力三大部份來進行。從「基礎期」到「進階期」共分為十個階段，基礎期訓練為全面性提升大腦運作功能效率，而進階期將著重於警覺性注意力與專注力上的提升。爸媽可下面的表格來幫孩子規畫專屬的居家訓練計畫，難度調整請參見 P157。

增加「專注」性	激發「靈敏」度	難度調整
5 分鐘	4 分鐘	1 分鐘
動作：〔對側手拍肩〕 次數：10 次 X2 組 請參見 P172	動作： 〔正向棉花糖轉手臂〕 次數：10 次 X2 組 請參見 P189	動作： 〔2 全身放鬆，向上伸展〕 次數：5 秒 X2 組
動作：〔對側手拍膝〕 次數：10 次 X2 組 請參見 P173	動作：〔神槍手〕 次數：6 次 X2 組 請參見 P190	動作： 〔深呼吸吐氣〕 次數：5 次
動作：〔勾腳手拍肩〕 次數：10 次 X1 組 請參見 P176	動作：〔巴黎鐵塔〕 次數：5 秒 X4 組 請參見 P192	

階段	熱身運動	提升「警覺」性
	1 分鐘	4 分鐘
時間	·動作：〔原地跳躍〕 ·次數：8 次 ·做法：扭一扭腰，轉一轉腳踝。	·動作：〔原地快跑〕 ·次數：30 秒 X2 組 ·請參見 P161
基礎期　第二階段		·動作：〔超級瑪莉跳〕 ·次數：6 次 X2 組 ·請參見 P162
		·動作：〔蓋房子〕 ·次數：6 次 X1 組 ·請參見 P163

增加「專注」性	激發「靈敏」度	難度調整
5 分鐘	4 分鐘	1 分鐘
動作：〔對側手拍膝〕 · 次數：15 次 X2 組 · 請參見 P173	動作： 〔正向棉花糖轉手臂〕 · 次數：12 次 X3 組 · 請參見 P189	動作： 〔2 全身放鬆， 向上伸展〕 · 次數：5 秒 X2 組
動作：〔對側手拍腳〕 · 次數：15 次 X2 組 · 請參見 P174	動作：〔順向蓮花指〕 · 次數：4 次 X2 組 · 請參見 P186	動作： 〔深呼吸吐氣〕 · 次數：5 次
動作：〔勾腳手拍肩〕 · 次數：14 次 X2 組 · 請參見 P176	動作：〔雙指爬樓梯〕 · 次數：10 次 X2 組 · 請參見 P191	
	動作：〔巴黎鐵塔〕 · 次數：5 秒 X4 組 · 請參見 P192	

階段	熱身運動	提升「警覺」性
	1 分鐘	4 分鐘
時間	**動作：**〔原地跳躍〕 · 次數：10 次 · 做法：扭一扭腰，轉一轉腳踝。	**動作：**〔原地快跑〕 · 次數：30 秒 X2 組 · 請參見 P161 **動作：**〔超級瑪莉跳〕 · 次數：6 次 X2 組 · 請參見 P162 **動作：**〔左右開弓〕 · 次數：6 次 X2 組 · 請參見 P164

基礎期 第三階段

增加「專注」性	激發「靈敏」度	難度調整
5 分鐘	4 分鐘	1 分鐘
‧動作：〔對側手拍肩／對側手拍膝／對側手拍腳（連續動作）〕 ‧次數：6 次 ‧請參見 P172、173、174	‧動作：〔神槍手〕 ‧次數：10 次 X2 組 ‧請參見 P190	‧動作：〔2 全身放鬆，向上伸展〕 ‧次數：5 秒 X2 組
‧動作：〔膝下接球 (左右)〕 ‧次數：各 8 次 X2 組 ‧請參見 P181	‧動作：〔雙指爬樓梯〕 ‧次數：15 次 X2 組 ‧請參見 P191	‧動作：〔深呼吸吐氣〕 ‧次數：5 次
‧動作：〔大象鼻子 (左右)〕 ‧次數：各 6 次 X2 組 ‧請參見 P182	‧動作：〔順向蓮花指〕 ‧次數：6 次 X1 組 ‧請參見 P186	
	‧動作：〔巴黎鐵塔〕 ‧次數：6 秒 X2 組 ‧請參見 P192	

11

階段	熱身運動	提升「警覺」性
	1 分鐘	4 分鐘
時間	**動作：**〔原地跳躍〕 · 次數：10 次 · 做法：扭一扭腰，轉一轉腳踝。	· **動作：**〔伏地快跑〕 · 次數：30 秒 X2 組 · 請參見 P169 · **動作：**〔超級瑪莉跳〕 · 次數：6 次 X1 組 · 請參見 P162 · **動作：**〔竹子舞〕 · 次數：10 次 X3 組 · 請參見 P166

基礎期　第四階段

增加「專注」性	激發「靈敏」度	難度調整
5 分鐘	4 分鐘	1 分鐘
動作：〔對側手拍肩／對側手拍膝／對側手拍腳對側手拍腳跟（連續動作）〕 次數：8 次 請參見 P172、173、174	動作：〔正向棉花糖轉手臂〕 次數：12 次 X1 組 請參見 P189	動作：〔2 全身放鬆，向上伸展〕 次數：5 秒 X2 組
動作：〔膝下接球(左右)〕 次數：各 10 次 X2 組 請參見 P181	動作：〔逆向棉花糖轉手臂〕 次數：5 次 X2 組 請參見 P189	動作：〔深呼吸吐氣〕 次數：5 次
動作：〔綠野仙蹤(左右)〕 次數：各 6 次 X2 組 請參見 P180	動作：〔神槍手〕 次數：12 次 X2 組 請參見 P190	

階段	熱身運動	提升「警覺」性
	1 分鐘	5 分鐘
時間	**動作：〔原地跳躍〕** · 次數：10 次 · 做法：扭一扭腰，轉一轉腳踝。	**動作：〔伏地快跑〕** · 次數：30 秒 X3 組 · 請參見 P169 **動作：〔鴨子走路〕** · 次數：20 步 X1 組 · 請參見 P170 **動作：〔左右開弓〕** · 次數：6 次 X2 組 · 請參見 P164

進階期　第五階段

14

增加「專注」性	激發「靈敏」度	難度調整
5 分鐘	3 分鐘	1 分鐘
動作:〔膝下接球 (左右)〕 次數:各 10 次 X2 組 請參見 P181	**動作:** 〔逆向棉花糖轉手臂〕 次數:5 次 X2 組 請參見 P189	**動作:** 〔2 全身放鬆, 向上伸展〕 次數:5 秒 X2 組
動作:〔大象鼻子 (左右)〕 次數:各 8 次 X2 組 請參見 P182	**動作:**〔雙指爬樓梯〕 次數:15 次 X2 組 請參見 P191	**動作:** 〔深呼吸吐氣〕 次數:5 次
動作:〔綠野仙蹤 (左右)〕 次數:各 6 次 X2 組 請參見 P180	**動作:** 〔大拇哥與小指妹〕 次數:6 次 X2 組 請參見 P188	
	動作:〔巴黎鐵塔〕 次數:6 秒 X2 組 請參見 P192	

階段		熱身運動	提升「警覺」性
		1 分鐘	5 分鐘
時間		**動作：**〔原地跳躍〕 次數：10 次 做法：扭一扭腰，轉一轉腳踝。	**動作：**〔原地快跑〕 次數：30 秒 X2 組 請參見 P161
進階期	第六階段		**動作：**〔向前跳圈圈〕 次數：8 次 請參見 P167
			動作：〔左右跳圈圈〕 次數：各 6 次 請參見 P168

增加「專注」性	激發「靈敏」度	難度調整
5 分鐘	3 分鐘	1 分鐘
動作： 〔勾腳手拍肩（左右）〕 · 次數：各 8 次 · 請參見 P176	動作： 〔逆向棉花糖轉手臂〕 · 次數：5 次 X2 組 · 請參見 P189	動作： 〔2 全身放鬆， 向上伸展〕 · 次數：5 秒 X2 組
動作：〔大象鼻子（左右）〕 · 次數：各 8 次 X2 組 · 請參見 P182	動作： 〔大拇哥與小指妹〕 · 次數：6 次 X3 組 · 請參見 P188	動作： 〔深呼吸吐氣〕 · 次數：5 次
· 動作： 〔仙女散花（左右）〕 · 次數：各 6 次 X2 組 · 請參見 P179	動作：〔巴黎鐵塔〕 · 次數：6 秒 X2 組 · 請參見 P192	

階段		熱身運動	提升「警覺」性
		1 分鐘	5 分鐘
進階期	第七階段	時間	**動作：**〔原地跳躍〕 · 次數：12 次 · 做法：扭一扭腰，轉一轉腳踝。	**動作：**〔超級瑪莉跳〕 · 次數：6 次 X2 組 · 請參見 P162 **動作：**〔伏地快跑〕 · 次數：30 秒 X1 組 · 請參見 P169 **動作：**〔鴨子走路〕 · 次數：20 步 X1 組 · 請參見 P170

增加「專注」性	激發「靈敏」度	難度調整
5 分鐘	3 分鐘	1 分鐘
動作：〔企鵝走路〕 · 次數：20 步 X2 組 · 請參見 P177	動作： 〔大拇哥與小指妹〕 · 次數：6 次 X2 組 · 請參見 P188	動作： 〔2 全身放鬆， 向上伸展〕 · 次數：5 秒 X2 組
動作：〔大象鼻子 (左右)〕 · 次數：各 8 次 X2 組 · 請參見 P182	動作：〔順向蓮花指〕 · 次數：6 次 X1 組 · 請參見 P186	動作： 〔深呼吸吐氣〕 · 次數：5 次
動作： 〔仙女散花 (左右)〕 · 次數：各 6 次 X2 組 · 請參見 P179	動作：〔逆向蓮花指〕 · 次數：5 次 X1 組 · 請參見 P187	

階段	熱身運動	提升「警覺」性
	1 分鐘	5 分鐘
時間	・**動作：**〔原地跳躍〕 ・次數：12 次 ・做法：扭一扭腰，轉一轉腳踝。	・**動作：**〔超級瑪莉跳〕 ・次數：6 次 X2 組 ・請參見 P162
進階期　第八階段		・**動作：**〔向前跳圈圈〕 ・次數：8 次 ・請參見 P167
		・**動作：**〔左右跳圈圈〕 ・次數：各 6 次 ・請參見 P168

增加「專注」性	激發「靈敏」度	難度調整
5 分鐘	3 分鐘	1 分鐘
動作： 〔大象鼻子（左右）〕 次數：各 10 次 X2 組 請參見 P182	動作：〔順向蓮花指〕 次數：6 次 X1 組 請參見 P186	動作： 〔2 全身放鬆， 向上伸展〕 次數：5 秒 X2 組
動作： 〔手背手心（左右）〕 次數：各 8 次 X2 組 請參見 P183	動作：〔逆向蓮花指〕 次數：5 次 X1 組 請參見 P187	動作： 〔深呼吸吐氣〕 次數：5 次
動作： 〔仙女散花（左右）〕 次數：各 8 次 X2 組 請參見 P179	動作：〔金雞獨立〕 次數：5 秒 X4 組 請參見 P193	

階段	熱身運動	提升「警覺」性
	1 分鐘	5 分鐘
時間	**動作：**〔原地跳躍〕 · 次數：12 次 · 做法：扭一扭腰，轉一轉腳踝。	**動作：**〔原地快跑〕 · 次數：30 秒 X3 組 · 請參見 P161 **動作：**〔鴨子走路〕 · 次數：20 步 X2 組 · 請參見 P170

進階期　第九階段

增加「專注」性	激發「靈敏」度	難度調整
5 分鐘	3 分鐘	1 分鐘
動作： 〔勾腳手拍肩（左右）〕 次數：各 10 次 請參見 P176	動作： 〔逆向棉花糖轉手臂〕 次數：5 次 X1 組 請參見 P189	動作： 〔2 全身放鬆， 向上伸展〕 次數：5 秒 X2 組
動作：〔大象鼻子（左右）〕 次數：各 10 次 X2 組 請參見 P182	動作：〔順向蓮花指〕 次數：6 次 X1 組 請參見 P186	動作： 〔深呼吸吐氣〕 次數：5 次
動作： 〔綠野仙蹤（左右）〕 次數：各 8 次 X2 組 請參見 P180	動作：〔逆向蓮花指〕 次數：5 次 X1 組 請參見 P187	
	動作：〔金雞獨立〕 次數：5 秒 X4 組 請參見 P193	

階段		熱身運動	提升「警覺」性
		1 分鐘	5 分鐘
進階期	第十階段	時間	**動作：〔原地跳躍〕** · 次數：12 次 · 做法：扭一扭腰，轉一轉腳踝。	**動作：〔超級瑪莉跳〕** · 次數：8 次 X2 組 · 請參見 P162 **動作：〔伏地快跑〕** · 次數： 30 秒 X2 組 · 請參見 P169 **動作：〔鴨子走路〕** · 次數：20 步 X1 組 · 請參見 P170

增加「專注」性	激發「靈敏」度	難度調整
5 分鐘	3 分鐘	1 分鐘
動作： 〔膝下接球（左右）〕 次數：各 10 次 X1 組 請參見 P181	動作： 〔逆向棉花糖轉手臂〕 次數：5 次 X1 組 請參見 P189	動作： 〔2 全身放鬆， 向上伸展〕 次數：5 秒 X2 組
動作：〔大象鼻子（左右）〕 次數：各 8 次 X2 組 請參見 P182	動作： 〔大拇哥與小指妹〕 次數：6 次 X2 組 請參見 P188	動作： 〔深呼吸吐氣〕 次數：5 次
動作：〔綠野仙蹤（左右）〕 次數：各 10 次 X2 組 請參見 P180	動作：〔逆向蓮花指〕 次數：5 次 X1 組 請參見 P187	
	動作：〔金雞獨立〕 次數：8 秒 X4 組 請參見 P193	

簡單的運動專注力訓練計畫

文／紀政　財團法人希望基金會董事長

　　「運動」不僅可以促進身體健康、維持心情愉快，更可以提升大腦功能。

　　近年來科學研究證實運動對於大腦有高度的影響，因此更確立了「運動改造大腦」的效益。運動可以讓孩子更聰明、學習能力更好，例如許多美國人稱許的華裔籃球明星——好小子林書豪，不僅是運動能力好也是哈佛大學的高材生，風速女王——王惠珍也是畢業於國內頂尖大學，國內外還有許多優秀的運動員同時都擁有超強的學習能力。

　　因為運動可以讓大腦的血液流量增加、提升神經傳遞物質分泌、活化大腦，促使大腦更清醒且更加專注。運動訓練過程會養成孩子遵守紀律以及提升抗壓性，進而培養謙遜和樂觀自信的態度。

　　本書作者將複雜的運動科學研究結果，用淺顯易懂的文句說明，讓讀者更容易了解運動如何提升大腦注意力與學習力，並強調運動對成長中孩子的重要性。其實運動並不難，跑跑跳跳或是散步健走都可以，作者在書中提出簡單的運動訓練計畫，可以供家長參考。

　　許多先進國家如美國、德國和鄰近我們的日本在教育政策上，對於「體育」長久以來相當重視，因為運動可提升孩子的體力與腦力，同時就提升了國家的競爭力。當我們還在思考如何讓我們的孩子教育更好，其實「運動」就是關鍵之鑰！

運動，容易且好玩的專注力訓練

文／王明鈺　中國醫藥大學附設醫院精神醫學部兼任醫師
中國醫藥大學新竹附設醫院精神醫學科 主任

在我的臨床工作中，「注意力不集中／過動」是門診中最常見的就診原因。注意力不集中不僅會妨礙學習也影響生活大小任務，損害社會關係。從過去的研究，我們已經知道「注意力不足過動症（Attention Deficit Hyperactivity Disorder, 簡稱 ADHD）」的患者若未經妥善治療將導致有較低的學習成績、較高的輟學率、較低的職業成就，以及更多的法律問題或物質濫用；同時造成父母更多的育兒壓力或不良的家庭關係。

當然，並不是每一個來就診的孩子都是過動兒，有些好動及不專心在發展年齡上是適當的：例如，3 歲的孩子專注力通常只有幾分鐘到 10 分鐘，我們就不能要求他專心坐下來聽你講話半小時。專注力也會隨著情境有所不同：孩子對於有興趣的或是有動機的事務會有較好的專注力。有些因素像是睡眠剝奪和太多相同的靜態任務、超過能力範圍的學習等都有可能導致注意力不集中。在就診時，醫師需依據經驗收集孩子在不同情境的表現，並排除這些干擾因素，才能給予一個臨床診斷並提供必要的治療。

反之；如果非屬生理上的 ADHD，我們則可以藉由消除前述等因素來改善孩子的專注力。在書的第一、二章中，詹博士

已經清楚地解釋了什麼是注意力、有哪些不同的專注力、有哪些因素會造成注意力不集中。

美國精神衛生研究院在 2007 年的研究發現，在 446 名孩童的腦部掃描發現其中 223 名 ADHD 患者腦部發育較未罹病的孩子慢三年，在控制執行功能的前額葉皮質（prefrontal cortex）更為明顯，足見注意力不集中有其生理原因。那有沒有什麼方法能促進腦部發育、提高專注力並減少過動和衝動呢？我目前訪問的耶魯大學兒童研究中心（Yale Child Study Center）現在就在進行相關的研究。

近年來，孩子們花在屏幕上的時間遠遠多於體能活動的時間，這不僅造成孩子長期處於被動專注的情境而使主動注意力變差、習慣於多聲光刺激而對於靜態事物缺乏興趣，也因為少運動且造成的肥胖又進一步降低身體健康、降低心理的警醒度。耶魯大學這項名為 IBBS（Integrated Brain, Body and Social）的研究是針對 6 到 9 歲有注意力問題的學童所進行，在學校課後時間由老師帶領，以創新的電腦遊戲和互補的運動來刺激並促進孩童的神經系統發育。雖然研究所測量的腦波、功能性磁振照影、神經心理測驗結果仍在分析中，多數參與試驗孩童的

家長，都能感到孩童注意力的改善。在芬蘭，這項研究更進一步設計為家中由父母協助進行，研究成果尚在分析中，但至少是可以家庭為基礎來加以訓練的。

作為一名臨床醫生，我經常被父母詢問如何不藉由藥物提高自己的孩子注意力。我很高興地看到這本書的出版提供了運動處方，讓父母在家中使用以提高他們的孩子的注意力，尤其是對於那些僅有輕微症狀的孩子。我非常認同詹教授書中提到，運動有許多好處，例如：多元化運動能激發孩子創造力、團隊運動能培養孩子的領導力、運動可以增加抗壓力。

在本書最後一章所提供的運動項目，很容易進行且很有趣，我會建議家長使用。但有一件事，我想要補充就是父母需要與孩子一起練習，這不僅能幫助他們從事運動，這也是一個榜樣，同時是培養親子關係最好的方法。

什麼是注意力？
注意力能經由訓練被提升嗎？

文／曲智鑛　陶璽特殊教育工作室創辦人

　　「注意力」對每一個人來說都是重要的能力。本書詹元碩教授深入淺出的將「注意力」藉由「警覺性網絡」、「導向性網絡」以及「執行性網絡」完整詮釋，也讓讀者知道如何藉由每天 15 分鐘的運動，幫助孩子提升專注力。研究指出運動可以刺激大腦分泌多巴胺、血清素與正腎上腺素，能幫助孩子專注與情緒穩定。透過運動可以幫助改善過動特質，或者說，適度的運動可以讓自己有更好的專注品質。我是親身實踐者，許多文案與寫作的靈感來自於「健身房的跑步機」，運動後能讓自己在工作上變得更有效能。

　　也因為如此，多年來我總是鼓勵爸爸媽媽要鼓勵與陪伴孩子養成運動的習慣。在工作室的相關輔導活動中，我也大量的導入體適能與登山等活動，因為我清楚的知道運動對於孩子的幫助。網路上最近瘋傳：「專家說，戴口罩可預防新型病毒，口罩售完。專家說，雙黃蓮可抑制新型病毒，雙黃蓮售完。專家說，多運動可以增加免疫力（專注力），大家卻跟聾了一樣！」運動是重要的習慣，是天然的專注力聖品。如果您不知道怎麼動？該如何開始？一定要參考本書。

以正確的了解與
行動協助孩子們的成長

文/丘彥南　台大醫院精神醫學部兒童精神科主治醫師

　　運動對我們身心健康的益處是眾所周知的，專注力在日常生活、學習、活動與工作中的關鍵性也是大家認知的。然而，一般人在觀念上常認為專注力是意志力可隨心欲控制，不專心是不用心、懶及缺乏動機的表現，卻不了解其中精密的生理運作以及無法隨心所欲控制的層面，以致於容易造成誤解而未能適切地協助兒童成長與學習，甚至錯誤歸因地指責孩子，使他們學習動機受損、信心低落，導致令人椎心的結果。

　　詹教授在本書中以深入淺出的內容，加上圖解呈現的方式，帶領讀者了解專注力運作的神經生理基礎、發展過程及影響因素，並介紹有氧運動提升注意力的理論及研究知識，引進簡易的居家注意力訓練活動以幫助成長中的兒童，對家長們及以教育志業的專業人員是相當有幫助的。

　　平常在門診時，我會強調建議家長需要給孩子適足的睡眠、運動、休閒、支持與教導等，然而我都會附加說明，對注意力不足過動症（ADHD）基本核心的嚴重注意力缺失與衝動控制困擾症狀而言，不能單純寄望靠運動就能改善。

　　運動是一種重要的支持及輔助作為，適切地了解與支持、認知行為治療、藥物對症治療等都是需要並行考量運用的。

　　去年在特殊教育會議上歡喜結識詹教授，藉此隅鄭重地向讀者們推薦這本科普好書，祝福大家成功地應用於我們關心的孩子身上，協助他們成長得更好！

每天 15 分鐘，動出孩子的專注力

文/邱炳坤 國立體育大學校長‧中華民國射箭協會副理事長‧亞洲
射箭總會執行委員/發展委員會委員‧國際射箭總會技
術委員會委員

　　傳統的思維當中，對於運動有許多不正確的觀念，不過當
運動帶給人們身心健康逐漸被認同之後，運動不再是中老年人
養生的工具，而是全年齡層的需求。元碩博士對於運動與大腦
認知的研究相當透徹，因此他積極推廣「動態學習」的概念。

　　透過運動除了可以促進身體健康並能夠提升大腦功能，根
據研究發現，當身體進行有氧運動時可以增加大腦神經活化，
所以適當的從事知覺動作訓練可以促進增加大腦神經連結。而
動態學習對於孩童的注意力培養更為適合。良好的注意力是從
大量訊息挑選關鍵訊息的能力，因此注意力集中與否會影響學
習動機與社交能力。不過值得高興的是注意力可以藉由後天的
訓練而提升，對孩子是成長過程中最重要、最可貴的資產，我
想這也是家長們對於小孩的期待。

　　事實上大量靜態和填鴨式課程並無助於大腦活化，多活動
才能讓腦部更活化，運動倍增注意力和學習力。運動可促使短
期記憶更為順暢，因此，家長如果充分掌握孩子 4 至 10 歲注
意力發展關鍵期，對於孩子的學習都相當助益。

元碩博士受業於德國波次坦大學（Universität Potsdam）及德國科隆運動大學（Deutsche Sporthochschule Köln），他有堅實的學術基礎以及豐富的教學與實務經驗。

　　這本書內的編排經過他的特別設計，提供基礎學理到深入淺出的注意力訓練計畫，讓讀者更容易閱讀與操作，對於教導孩子進行注意力訓練能夠有效執行。因此，我樂於為元碩博士撰寫推薦，讓我們協助家長從動態學習當中，有效活化孩子的大腦與快樂成長，同時提升專注力與學習效率。

多面向瞭解注意力，全面提升專注力

文／張旭鎧　兒童專注力發展專家・職能治療師

　　專注力，或稱為注意力，是家長們之間樂此不疲的話題，但是仔細聽聽大家談論的內容，不外乎就是「讀書不專心怎麼辦？」「怎麼讓孩子上課可以專心看著老師？」「如何讓孩子可以寫功課不拖拖拉拉？」但卻從未聽過有家長反映「孩子看電視不專心！」「孩子玩平板不認真！」「孩子看漫畫沒幾分鐘就不看了！」讓我們仔細想想，如果讀書不專心是「不專心」，那麼看漫畫專心就不算「專心」了嗎？

　　其實並非孩子都有專注力缺損的問題，而是生活環境中的訊息傳遞越來越多、越來越快，孩子的大腦來不及跟上進度，因此無法完整的處理資訊，像是對老師說的話只聽一半、媽媽在呼喚名字卻沒有聽到等等；又或者大腦被過強的訊息引導到不是當下需要注意的地方，例如，上課被外面打球聲吸引，又或者沒聽到媽媽說話，只聽到電視傳來的聲音等。於是孩子對於「沒有興趣」的事物無法集中注意力，只有對好玩的、新奇的刺激保持高度熱忱，因此對於枯燥乏味的學習當然就無法熱切投入了！

　　改善孩子專注力的問題，可以從動機、認知、記憶、情緒

等層面切入，然而近年來在學術、臨床界最熱衷的就是從大腦科學來解說專注力。歷年來闡述專注力的理論有許多，從最早的「瓶頸理論」到目前臨床運用的「臨床專注力模式」、從神經傳遞機制到腦波的探索，人們莫不希望能夠解開大腦對於專注力的種種謎團，好幫助我們的孩子能夠好好學習！

本書以「專注力網絡」模式來探討如何幫助孩子專心。警覺性網絡讓孩子可以知道環境中的訊息，並隨時保持警醒程度，否則就會開始恍神、發呆。導向性網絡幫助孩子能夠正確選擇專注對象，才不會走路時被旁邊櫥窗中的玩具吸引而撞上行道樹。執行性網絡結合大腦各區，讓我們可以順利地完成整個任務。這樣的分類可以讓我們在認為孩子不專心時，更深入確認不專心的原因，進而提供正確的教導與訓練。

同時，我們也強調「運動改善過動」的觀念，運動可以促進大腦分泌多巴胺、血清素及正腎上腺素，有助於情緒穩定與思緒專注，因此對於學習有很大的助益。藉由本書所提供的活動，相信可以有效促進神經活化、加強神經連結，父母頭痛的專注力問題也將迎刃而解！

每天動一動，
換來孩子一輩子的幸福！

文／陳宜男　　星願樹職能治療所所長‧職能治療師

起初看到詹元碩博士的新書，光看到書名就深深的吸引了我，因為這和多年來我一直向家長宣導的理念不謀而合！

以下分享一個臨床上的真實案例，當時我給了家長一個專注力培養方程式：良好專注力＝「動態活動半小時」＋「靜態活動半小時」＋「陪伴」，得到了非常好的效果。

就讀大班的晨晨，幼兒園老師懷疑晨晨有專注力和感覺統合方面的問題，並告訴晨晨媽媽：「我發現晨晨上課不專心，下課也不太喜歡動，上體能課時都會刻意避開運動量較大的活動，你們要趕緊帶他去醫院接受職能治療的服務，早期發現早期治療效果最好！」晨晨媽媽：「我們早就已經發現了，但我們就是沒有時間帶他去，原本想請爺爺幫忙，但爺爺年紀已大實在吃不消！加上大班課業比較重，下課後還要補才藝，也沒有時間運動，也難怪她會不喜歡動。」

這是我在臨床經常聽到家長轉述的對話，大家是否從中看出一些端倪呢？「晨晨真的迫切需要到醫院接受治療嗎？」其實我們可以從這段對話發現一些問題：

1. 父母是否缺乏時間陪伴晨晨？

2. 是否為隔代教養，爺爺、奶奶過度寵愛？

3. 為了「課業」而忽略了孩子最需要的「遊戲」與「運動」？

4. 學校老師和家長是否認為只要把問題丟給治療師就萬事 ok 了？

「每天只要一小時，換來孩子一輩子的幸福！」

呼應詹元碩博士的理念，也送給大家兩帖「培養專注力」的良方，只要您做得到，孩子的專注力或許就會逐漸步上軌道：

‧第一帖：每天「陪伴」您的孩子運動或玩大肢體的活動 30 分鐘（可參考本書提供的活動內容），結束後坐下來休息 10 分鐘並分享活動後的心得。

‧第二帖：每天「陪伴」您的孩子玩靜態的遊戲或寫作業 30 分鐘，從中相互分享遊戲或學習的心得，您將會發現雙方皆會有收穫。

在活動之中搭配「獎勵卡制度」給予適當的規則與獎勵，亦可以培養出孩子的主動性、挫折忍受度和榮譽感。

動一動，改善孩子的
注意力、學習力、情緒

文／陳培濤　天主教耕莘醫院兒童發展中心主任

　　雖然國內大部分家長對於「注意力不足過動症」這名詞並非陌生，但有很多未經過科學實證的訓練課程，常會藉由網路媒體不實的報導，將其功效誇大到讓人瞠目結舌，而且人越多越搶手，家長們完全忽略了正視及面對注意力不足過動症的孩子真正需要的是什麼。

　　其實，讓孩子們有個正常的睡眠和飲食習慣以及在日常生活中用對的方法去引導他們，不但可以減少家長和孩子的精神體力奔波於不同的課程，同時也可以省下很多金錢，而其增強孩子注意力的成效遠勝於幫孩子們安排一些五花八門的訓練課程，更能達成以家庭為中心的訓練精神，讓您也可以成為孩子最有力的助手。

　　本書是國內少數以腦部科學為理論基礎而編寫的居家注意力訓練計畫手冊，兒童注意力訓練專家詹元碩博士首先針對注意力的四大功能以及影響孩子注意力的可能因素以淺而易懂的方式傳達給讀者，他也舉例了很多生活上常見的場景取代過於專業化的術語去說明「注意力不足過動症」的定義與基本概念，讓想了解「注意力不足過動症」的讀者一目了然。文章中的「請教詹博士」專欄以及適當均衡飲食和睡眠習慣的章節，都是父

母在兒童發展門診常會問的問題，詹教授皆以淺顯的語句敘述說明，相信讓讀者印象更加深刻。

國內家長普遍對於注意力不足過動症的孩子在接受藥物治療的態度上較為保守，因此提升孩子專注力以及如何讓大腦更為靈活的課程是許多父母很嚮往的議題，除了坊間耳熟能詳的專注力訓練課程和感覺統合訓練課程之外，詹教授在本中書引用了近年來多篇國外運動與腦科學合作的研究結果，宣導孩子經常運動（例如，慢跑、健走、游泳和踢毽子等等）是可以有效提升他們的注意力、學習力、預防焦慮以及產生正面情緒。

書中提供的 15 分鐘居家注意力訓練計畫，更是作者在每場親職教育課程中聽眾場場爆滿以及回饋最為熱烈的講題，讀者們現在可以實際在家試著幫自己的孩子規劃專屬訓練表，相信不但可以提升孩子本身的注意力，家長們平常跟孩子持續保持密切的互動，更可能會衍生出預期不到的效果喔！

輕鬆閱讀、忍不住跟著做的
專注力養成書

文／**張本渝**　導演‧演員

　　記得有一次和元碩參加一個聚會，席間有個小妹妹向桌子跑過來時，不小心被椅子絆倒在地上並發出好大的聲響，突如其來的意外和聲音把小妹妹嚇哭了，小妹妹的媽媽也倏地衝到我右手邊把小妹妹抱起，而坐在我左手邊的元碩也立即衝過去和媽媽一起安撫嚎啕大哭的小妹妹！

　　我整個看傻了……我知道他對幼兒、早療、運動、過動……等有很深入的研究和關係，但是不知道他對孩子的關心已經是內化到這樣的程度了！

　　不只是對孩子，常常演講的他居然還曾詢問我，在台上要如何才能炒熱氣氛以吸引媽媽更多的關注幫助他們吸收更多？我不禁納悶，你上台的經驗豐富不亞於我，是個相當能引起聽眾共鳴的講者，怎麼反倒問起我了呢？

　　之前，因為我們都參加了鐵人三項比賽，於是想詢問他比賽結果如何？他卻回覆因為撰寫書稿的關係所以忙到幾乎沒有什麼時間練習，加上當地環境和氣候的關係，成績似乎不如預期，接著就開始述說，寫書的壓力非常大……

　　我開玩笑地跟他說，你會的事物太多了，要是全部寫出來，這本書會太厚，很多家長會吃不消，像我，會直接放棄閱讀。

其次，現在書不好賣，分幾次出讓出版社賺一點好嗎？！他才「稍微」釋懷。他就是這樣！以他過去所學和累積專業知識及豐富的經驗他真的無須擔心這麼多，但他就是一股腦地想要把自己所知所學都分享給讀者。

果不其然，他寫得非常好啊！把注意力和環境、注意力和飲食、注意力和運動的關係寫得清清楚楚，還舉了很多讓家長一看就明白又易產生共鳴的例子，裡面提到的一些觀念我相信不只對孩子有用，其實大人一起做效果也會很好！我居然不知不覺一下子就看完了，不但沒有休息還讀得津津有味、輕輕鬆鬆！如果你問我的讀後感想，我想我只有一句話，啊～這麼優秀是想逼死誰？（翻白眼）

系統式的運動訓練，
提升孩子的注意力

　　演講時總會遇到許多的家長及兒童教育者，他們大多數為了小孩的學業及行為態度所苦惱著。他們抱怨，小朋友做事漫不經心、動作散慢、拖拖拉拉、隨隨便便，而父母只能在一旁乾著急，其實這些都歸咎於「注意力」的問題。

　　讀書本來就不是一件輕鬆的事，如果方式不對、技巧不熟就很難掌握到讀好書的關鍵。其實，學習中的孩子也面臨了許多的課業壓力，若本身有注意力不集中的問題，那就會更明顯的感到無力。

　　以作者本身而言，從小，讀書就是一件非常痛苦的事，很想拿到好的成績卻心有餘而力不足，相當的難過。當時也不知道自己有注意力上的問題，所以總是要比人家花更多的時間來學習，卻又不一定有效果；到了中學階段因為學習份量大增，課業壓力導致經常心情沮喪和自信低落，但為了面子又不敢表現出來，這樣的求學過程讓我覺得灰心。

　　但也在讀書的過程中發覺，每當運動後似乎注意力能較集中且學習狀況有明顯改善狀況。直到在德國求學，有機會接觸了相關運動與腦科學的研究，更證實了運動對於大腦認知功能有相當大的效益。回到國內後，積極推廣「運動啟發大腦力」

以及運動治療概念，也設立了 Facebook「運動改善過動」網站，來推廣運動對於成長中孩子重要性的觀念。希望藉此能將這個概念傳達給大家，讓小朋友、父母及所有教育者可以從中受惠。

其實，讀好書並沒有想像中的難，只要抓到訣竅，就可以更有效的學習。在此，我將德國的運動科學，腦科學及一些相關智能啟發科學研究資料做一個統整的規劃，並設計成一些簡易的居家動作訓練計畫，讓每一位父母容易上手並執行。

本書分成兩部份，首先介紹運動如何影響大腦運作，提升大腦功能。第二部份將以運動醫學觀點提出提升孩子注意力的「三部份十階段居家動作訓練計畫」，結合安全、有效與省時三大重點，每天進行 15 分鐘訓練，讓父母能輕鬆透過運動有效訓練孩子的注意力。

提升孩子的注意力，從改變大腦開始，系統式的運動訓練可以增加孩子大腦神經聯結，加速大腦訊息處理效能，活化大腦運作。希望更多的孩子，能夠用健康有效的方式來提升注意力，讓孩子面對學習不再產生恐懼！

你的孩子
注意力**夠集中**嗎？

影響孩子注意力的
可能因素

　　大家都知道「良好的注意力」對學習或是人際互動有很重要的影響，但是「注意力」指的是什麼呢？

　　事實上，「注意力」與大腦運作有關，大腦處理的訊息並非是無限大的；若在同一時間內大腦湧入大量的訊息就會發生所謂的「當機」現象，就好比我們在使用電腦時，同時開啟大量軟體和檔案，這時電腦便會出現運作變慢或是當機狀況。

　　有趣的是，人腦為了防止「當機」現象發生，便會利用「注意力」的機制來管制進入大腦的訊息，包含來自外在環境的刺激，例如，聲音或影像等，就像有時孩子聽故事到入迷時，即使身旁有人喊他的名字，他也不會注意到。

　　此外，來自身體內的需求反應也會誘發孩子的注意力，像是孩子電視看到一半覺得肚子餓，這是因為身體覺得需要補充食物，所以產生肚子餓的訊息並誘發孩子注意到這個刺激。

注意力，從大量訊息挑選關鍵訊息的能力

「注意力」的功能就是從大量的訊息中挑選出「關鍵訊息」的能力。簡單來說，就是將「不重要的訊息」排除在外，將「重要的訊息」篩選進入大腦。

☺ 聚焦→抽離→轉移的過程

良好的注意力並不僅是將注意力集中在某一事物上，而是能夠調控注意力對於事物的「聚焦（focusing）」、將注意力由舊事物「抽離（disengage）」，以及「轉移（shift）」到新的事物上 ❶ 這種注意力調控的靈活度可以藉由後天的訓練而有效的提升。

舉例來說，在幼兒園中常看到孩子正在專心地玩積木，這個時候他的注意力是集中在玩積木上的（即是聚焦），這時若老師突然說：「請大家注意這裡，我們班今天來了一位新同學……」這時孩子聽到老師說話的聲音，就會停止玩手中的積木，將注意力從積木上「抽離」，並「轉移」到老師身上，專心聽老師在說什麼。

或是在課堂中，當學生正專心閱讀課本上的內容時，老師突然說：「各位同學請看黑板這！」這時學生便會停止閱讀，將注意力從書本上抽離並轉移到黑板上。

當能有效控制注意力的「聚焦」、「抽離」和「轉移」時，就能夠精準擷取外在的資訊。

☺ 注意力新觀念，以運動來改造大腦效率

注意力的發展會直接受到腦部心智功能的影響，惟有提升腦部運作效率才能從根本改善注意力控制能力。近年來，腦科學研究發現，藉由身體特定性的運動刺激，可以誘發腦部神經生理機制的改變，進而提升心智功能。

有效控制注意力的聚焦、抽離及轉移就能精準擷取資訊。

「運動改造大腦」的革命性觀念，已引起歐美親子教養學者與家長的熱烈關注。本書（第4、5、6章中）將會以深入淺出的方式闡述理論依據，並以實際的經驗分享，讓家長在家也能依照本書提供的方法說明，輕輕鬆鬆地讓孩子「動」出注意力與自信心。

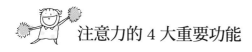

注意力的 4 大重要功能

　　究竟注意力在孩子的日常生活中扮演了什麼樣的角色？根據認知心理學的說法，注意力具有四種重要的功能：1.搜尋功能、2.警戒功能、3.選擇與抑制功能、4.分配功能 [2]。

☺ 搜尋功能 在繁雜中找到所需

　　有時我們在出門前會突然找不到鑰匙，而在一陣東翻西找後才終於在鞋櫃上找到了它；或者當我們看報紙時，會用注意力的快速搜尋功能先查看有無自己感興趣的報紙標題等；在這樣的尋找鑰匙與快速讀報的過程中，就會運用到注意力中的「視覺搜尋」功能。

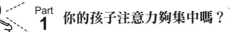

　　同理，當孩子在一堆玩具中尋找他心愛的小汽車，也會運用目光觀察與搜尋功能來尋找他想玩的小汽車，這也是在進行「視覺搜尋」功能。再舉一個例子，有些孩子每天都要花很長的時間讀書，但卻往往抓不到重點，導致成績不理想；相反的，有一些孩子只要花一點時間就能快速掌握重點，看題目時也能輕易地找出答案，這也是搜尋功能上的差別。

☺警戒功能 對特定聲音、影像或內容敏感

　　很多新手媽媽抱怨總是睡不好，這是因為媽媽與嬰兒之間存在著「特殊且專屬」的頻率，媽媽對於嬰兒的聲音、一舉一動都相當敏感，無論多吵雜的環境只要嬰兒一發出聲響，媽媽一定都能聽到，所以很難「忽略」哭聲繼續入眠，這就是注意力中的「警戒」功能。

　　這種功能在面對考試的學生身上更是明顯，許多學生在無趣的課堂上，通常會呈現放空或是恍神狀態，但是當老師在上課中突然說：「這是重點，下周考試的必考題。」這時候同學就會突然驚醒集中注意力；這就是對於特定的

聲音、影像或是內容會特別敏感而能立即將注意力集中以擷取重要訊息。

☺ 選擇與抑制功能 排除不必要注意的內容

選擇與抑制功能意指藉由同時摒除其他不相關事物來專心聚焦於某一事物上。舉例來說,當在很吵雜的空間與朋友聊天時,為了要聽清楚朋友的談話,我們會利用注意力的「選擇與抑制」功能來排除或是抑制其他聲音以幫助我們聽取朋友的說話內容。

又譬如說,孩子在人潮擁擠的大賣場中走失,父母因為急著尋找孩子的蹤影會試著以顏色、身高及聲音來作為搜尋時的主要選擇注意訊息。如果小孩穿著紅色衣服,那麼父母在尋找過程中,就只會注意穿紅色衣服的孩子或是紅色的物體,同時忽略其他穿著不同顏色衣服的孩子。

對於正在準備考試的學生而言,有太多的教科書和講義需要閱讀,所以老師會教導在課文重點處用不同顏色的筆做記號,那麼讀書時,學生就可以只閱讀有顏色的標記內容而減少讀書時間,這就是注意力選擇控制在有顏色的內容上,而排除其他的內容訊息。

☺ 分配功能 同一時間內執行多種工作

注意力還有一種功能是可以在同一時間內執行多種工作。譬如說，在跳律動或舞蹈時，手與腳可以在同一時間內做不同的動作或是可以邊唱歌邊跳舞，這時即需要注意力來謹慎地分配、執行兩種動作；但是當舞步突然變得複雜時，較多的注意力就會轉向控制肢體動作，這就需要靠注意力的「分配」功能。

在課業學習中經常會用到注意力分配功能，例如，在課堂中抄筆記，學生必須一邊注意聽老師講課，一邊還要將老師講課的內容記錄下來。這時，注意力的分配分為兩部份：注意聽講和專注抄筆記，然而這項「分配」能力通常是注意力缺失的孩子最缺乏的，原因可能是注意力缺失患者，大腦神經傳遞物迴路，如正腎上腺素與多巴胺功能異常所導致。若能將此項功能提升，對於孩子的學習過程將有很大的效益。

孩子是否注意力缺失？
檢視孩子的注意力問題

〔案例〕

　　小翰是位聰明可愛的孩子，對許多事情都很有興趣參與，但是做事卻經常漏東漏西，沒有一件可以從頭到尾順利完成。生活起居上，不是忘記帶東西就是經常掉東西。老師發現小翰在寫作業的過程中，雖然寫得很快，但卻時常漏看題目或答非所問，這種狀況讓小翰的爸媽相當擔心。他到底為什麼無法專注呢？

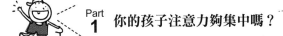

注意力缺失，易使孩子排斥費時耗力的活動

「偶爾」粗心大意是每一個小朋友都會有的問題，只要家長多加提醒，通常就會改善。但是，如果孩子的粗心大意或忽略細節的頻率超過一般認定的範圍，例如，**即使反覆提醒還是經常在學校課業或其他活動上出現類似的情況**，就可能是「注意力缺失」的問題了。

孩子的注意力缺失行為包含了許多面向，父母往往可以從他們進行遊戲活動或工作任務時的注意力短暫現象瞧出端倪。像是在遊戲時，有些孩子會經常汰換手中正在玩的玩具，而出現一個玩具沒玩多久又馬上對另一個玩具產生興趣的情形；而有些孩子則是經常因外物而分心，如在進行一項任務時，常因為突如其來的聲音或是身邊經過的人而分散注意力。

上述的案例都是典型注意力缺失的孩子平時會有的表現。除此之外，這類型的孩子也往往會有注意力無法持續集中的問題，使得他們在進行較複雜且組織性的活動，例如，堆積木時，無法像其他孩子一般順利地完成任務。久而久之，注意力缺失的孩子便會對此種「費時耗力」的活動產生排斥感，進而抗拒參與這類型的活動。

注意力不好，影響學習動機與社交能力

　　孩童階段的大腦發展就像一個不斷吸收外在資訊的海綿，哪些資訊進入腦海，哪些資訊排除在外都會受注意力影響。當孩子的注意力無法有效控制而出現注意力不好時，往往會影響到日後的學習與社交能力。相反地，擁有良好注意力的孩子則容易在學習過程中取得成功經驗，培養出對自我的肯定與自信心，而這正是成長過程中最重要、最可貴的資產。

　　通常來說，因注意力不好而在學習時屢屢挫敗的孩子，一方面得不到外在認同，另一方面也缺乏滿足自身的成就感，與人互動時經常因為無法適時地觀察互動者的情緒變化，而時常出現左顧右盼、心不在焉的行為，這樣的行為容易導致同儕對他們的觀感不佳，進而造成被排擠，甚至成為被霸凌的對象。

　　像這樣經常處於挫折環境下的孩子，會越來越顯得沒有自信，開始對學習新事物或是交朋友缺乏動機，最後對學習完全失去興趣。

☺ 無法接收訊息影響學習成績

通常注意力缺乏的兒童在學習上會顯得比一般兒童來得低落，原因是他們無法接收老師在上課時所提供的訊息。**當孩子無法「快」、「狠」、「準」地蒐集和篩選環境提供給他們的外在訊息時，就無法進行更高階的訊息分析、歸納與記憶等思考性的活動。**

同理，若孩子只看到或聽到片段資訊時，就會很難理解甚至會產生對訊息的誤會，造成片段性學習。而上述種種現象也會讓注意力缺失兒童的學習途徑受到多層阻礙，導致他們在學習路上頻頻受挫。另一方面，也容易造成老師的誤解，一不留意便會幫孩子掛上「不用心」、「不認真」或「懶惰」的標籤。

☺ 無法專心聆聽造成人際困擾

這一類的孩子也容易有人際關係不佳的困擾，兒童至青少年階段是人際互動能力培養的關鍵時期，在這個階段孩子慢慢學習如何與同儕相處及面對長輩應對進退。當注意力不受控制時，常會出現精神恍惚或處於放空狀態，而造成眼神飄移不定、無法聆聽。

跳躍式的思考習慣讓這一類孩子在與同儕言語溝通上產生問題，每次想要回應或是表達都會產生遺漏或詞不達意的狀況，再加上經常在不經意之下產生突發的肢體接觸，進而導致衝突的發生，衍生出同儕對他們的誤解。

☺ 社會化能力較弱，使自信心低落

察言觀色的社會化能力較弱，尤其是辨識靜態人臉表情及情緒聲音的簡單刺激能力較弱，這個現象可能與掌管注意力及專注力的大腦右側缺陷有關，孩子經常在不適當的情境下直接表現自己的感覺，很容易得罪他人。因此，周遭的人會覺察到這孩子是比較情緒化、愛生氣以及容易感到挫折的個性，這也顯示出他們對於情緒的自我調節功能不佳。相對地孩子會感受到長輩不關愛他們，不受到同儕歡迎的處境，而衍生出自信心低落或產生攻擊性的行為。

無法專心聆聽易造成孩子的人際困擾。

孩子的注意力缺失症狀

參考注意力缺失評斷標準（ICD 10-CM 以及 DSM-5），有注意力不集中的孩子，經常會有以下症狀：（詳細的注意力缺失症狀表請參見附錄 P196）

✿ **經常忽略細節，記東就忘西**：在學校作業或活動中，總是不經意犯錯，記得帶作業去學校，卻又忘記帶鉛筆盒回家，生活中總是要媽媽在後面叮嚀。

✿ **無法專心在同一件事物上**：寫作業時，經常東張西望、東摸西摸，一下玩鉛筆、一下撿橡皮擦、一下又跑去旁邊玩玩具，還會不時地跟媽媽或弟弟妹妹說話，無法定下心來做一件事。

✿ **經常會心不在焉，聽而不聞**：在上課中或聊天時，看似在聆聽，但事實上卻完全沒聽到老師上課的內容或與朋友聊天的對話，感覺有恍神或腦筋空白的現象。

✿ **無法遵循規定行事**：即使孩子已經知道要遵守某些規定執行任務，但卻很難依照指令行事，如媽媽請孩子去整理自己的房間，但是一段時間後，媽媽卻發現孩子還在房間閒晃，沒做任何整理；孩子並不是不知道要整理房間或是故意反抗不願意整理，但是就是無法完成媽媽交代的任務。

✿ **無法按照順序執行工作**：對於需要按照順序或是步驟複雜的工作，有很大的執行困難，如在美勞課進行複雜的裁切和黏貼活動，孩子就會呈現沒耐心的狀態，為了完成作品而草草了事。

✿ **逃避需要長時間或持續專心的事情**：無法持續專注於一件事，例如，要求孩子寫作業或做家事時，孩子就會說，「我在忙，我還要做其他的事」、「我手好酸，身體不舒服。」等藉口，甚至是躲起來。

✿ **生活雜亂無章**：孩子的房間和書包亂七八糟，且經常掉東掉西，老是將書包、課本、鉛筆盒或是聯絡簿遺留在房間各處；玩具也無法歸類收好，散落在房間各個角落。

✿ **容易被外物吸引而分心**：只要周遭環境有任何的聲音或是空間中有任何的變動，就會產生分心的狀況。例如，在上課中有一隻蚊子飛進教室，他的注意力就馬上被這隻悠悠哉哉出來逛大街的蚊子吸引。

✿ **經常性健忘，無法記憶**：常常忘記生活中的事物，認為無關緊要，如常忘記帶聯絡簿或作業回家，無法完成老師交待的任務；忘記帶鑰匙出門，無法回家等忘記瑣碎的事物等。

小叮嚀　若上述的這些類似性行為，經常發生而且都持續一段時間，這時，爸爸媽媽們就要多注意您的孩子，因為這些都是注意力缺失的明顯特徵。

過度聲光刺激引發的 注意力問題

〔案例〕

Q：為什麼孩子打電玩很專心，但學習無法專心？

A：小凱，今年9歲，是個天資聰穎的小孩，父母從事高科技產業，也是3C數位產品的愛用者。每當小凱吵鬧時，爸媽便很自然地拿出平板電腦，並開啓小凱喜歡的遊戲軟體給他玩。的確，以這個方式來減緩小凱的哭鬧行爲幾乎每次都能立即見效；漸漸地，小凱使用平板電腦的時間越來越長，尤其是在玩遊戲時，都十分專注，每當爸媽叫他時，他似乎都沒聽到。

有一天，媽媽發現小凱寫作業時總是東摸西摸，無法專心靜下來，作業都得做到很晚才完成，甚至影響到他的上床時間與睡眠品質。這時，媽媽心中出現疑問，爲什麼小凱在打電動時是專心的，但是寫作業時卻會有不專心的狀況呢？

訊息的刺激強度，激發注意力警戒度

　　上述的情形，相信是許多家長心中的疑問。為什麼孩子打電動遊戲專心，但學習無法專心？究竟是哪些因素在影響孩子的注意力？從認知神經科學來看，影響注意力的因素有許多層面，<u>控制專注力的好壞主要是受到大腦的神經成熟度、訊息的刺激強度與參與動機的影響</u>。

　　孩子所處的環境中充滿著許多訊息，所有的訊息都會被接收嗎？其實不然！孩子必須要先「注意」到一樣事物，也就是說，事物是否吸引孩子的注意力與「訊息刺激強度」有關；當訊息刺激強度越強時，就越能喚起注意力的警戒與偵測功能，而孩子也就較容易被吸引過去。

☺ 視覺刺激強度 色彩的鮮豔度

　　什麼是訊息的「刺激強度」？試想，同樣都是小孩喜愛的巧虎，拿一本巧虎繪本給小孩，同時間播放巧虎 DVD 給小孩看，小孩會看書還是看影片？受哪一種影響比較多？很明顯地，小孩會盯著電視看！這就是一種「視覺」的刺激強度，電視播放的影片是「動態的影像」，而單純看書

就是一種「靜態的影像」，動態的影像會比靜態的影像刺激強度更高，所以孩子的注意力容易受到動態影像所吸引。而另一種視覺的刺激強度就是色彩的鮮豔度，當色彩越豐富刺激強度就越高。

可是，這裡產生了一個有趣的問題，是不是動得越快越能吸引孩子的注意力？其實不然，動的速度快慢確實會影響注意力的高低，但是必須在「有限制的動態速度下」，才能喚起注意力的警戒度。就好比電動遊戲中打怪獸的動作，需要很迅速的反應，這時候越能夠誘發注意力，但是如果怪獸的速度快到看不見或看不清楚，那就無法誘發孩子的注意力了。

☺ 聽覺的刺激強度　音量大小與音調變化幅度

除了視覺的刺激強度，孩子也容易受到聽覺的刺激強度影響，音量大小與音調變化幅度，都會影響注意力。比方說有 A、B 兩位老師，分別在兩間教室上相同的內容，A 老師說話音量很小聲且沒有太大的音調變化；而 B 老師的聲音宏亮又抑揚頓挫，在這兩種不同的上課情境，B 班學生的清醒度與注意力會比 A 班學生來得高，A 班學生的清醒

度較差，容易東倒西歪睡成一片，這也就是遊戲都會搭配上音效的原因。

 ## 提升參與動機，維持注意力持續度

高強度的視覺與聽覺刺激，會先激發孩子注意力的警戒度，倘若要讓注意力持續維持在目標上就需要提升孩子的參與動機。**「動機」是影響孩子專注力持續度的關鍵因素，當任務有趣、好玩並能獲得成就感時，孩子的參與動機就會隨之增加。**

☺ 任務挑戰，激發成就感

就像是遊戲軟體透過可愛圖像、快速動作的影像、鮮豔的色彩、高頻率的音效，高潮迭起的情節，以及需要「努力練功才能通過的關卡」，目的都是透過種種的包裝設計才能成功激發孩子玩的動機。

咦？您一定有疑問，為什麼「需要努力練功才能通過的關卡」也是提升動機的一部分？

其實這種「任務挑戰」是一種激發人類心中「不服輸

的精神」。人的天性是喜歡與人競賽與互相比較的，在面對「挑戰」時，我們就會設法克服困難並達到目標，當完成目標時，那種喜悅與成就感就會產生，讓我們繼續有動機與信心迎接下一個挑戰或是關卡。所以，設計的任務難度必須適中，**假如遊戲挑戰關卡過於簡單或困難，也會降低孩子參與的動機**，而遊戲軟體就是經過專業的設計與難度的調控，讓小孩很容易一玩就上手且越玩越著迷。

☺ 靜態學習，難度較高

回到小凱的案例，我們可以知道「打電動」相對比讀書學習的刺激強度高出許多，一般我們讀書或是寫作業是比較偏向靜態紙筆的形式，屬於低聲光刺激的強度，很難喚起孩子的注意力；再加上學習需要依靠大量理解與記憶能力，雖然也是一種挑戰，可惜的是，學習上的挑戰通常會較於枯燥且困難。每一天都有新的進度，當孩子前一步學習尚未穩定，從學習中又沒有獲得成就感，就會造成他們不願意學習新給予的任務，漸漸地導致學習動機下降，無法專注於學習中，進而逃避學習。

請教詹教授

多媒體教材是否有助於提升注意力？

近年來，為了改善小孩的學習能力，許多教材開發商開始進行多媒體數位教學教材的研發，運用聲光效果與遊戲模式來增加孩子學習的專注力，短時間來看確實有提升孩子學習的動機，但是長時間使用多媒體器材卻也衍生出其他發展問題。

首當其衝的是孩子的健康問題，當小孩長時間使用電腦、手機或電視，都會大幅減損孩子視覺功能與聽覺功能（若音效過於大聲）。另一個是比較容易被忽略的問題，當孩子長時間接受高強度的刺激，對於喚起注意力的刺激閾值會有增加的現象，也就是説，**當孩子已經習慣高強度刺激，對於較低強度訊息就不容易喚起注意力**，就有如平常習慣吃重口味的食物時，對於清淡食物就不容易感到興趣。

因此，在孩子的成長過程中，千萬不要為了提升眼前的學習效果，而一味地給予高強度的刺激，反而是需要從核心問題中去改善孩子的學習動機與注意力問題。

不適當生活習慣引發的 注意力問題

〔案例〕

Q：睡眠不足、不健康飲食會使注意力下降？

A：今年 10 歲的文文，是一個可愛的男孩，平時他最喜歡吃洋芋片、炸雞排等油炸食物，並喜歡把可樂當水喝，最討厭吃新鮮蔬菜與水果。文文的爸爸媽媽因為工作忙碌，經常無法幫他準備晚餐，所以會給零用錢，讓他自己到外面買。但是，每當文文下課放學後，一出校門總是看到販賣許多零食的商店，不由自主地被五顏六色的包裝所吸引，忍不住就會買糖果和零食來吃，吃著吃著也就把這些零食當成「晚餐」了。回到家後的文文，習慣打開電視，從卡通、鄉土劇到韓劇，一直看到晚上 12 點才願意去睡覺。然而，隔天一早又必須 7 點起床。總是睡不飽的文文，早上又以漢堡、可樂作為早餐，漸漸地，老師發現文文上課時精神不濟，開始出現恍神、忘東忘西及作業未準時繳交的現象，是怎麼回事？

 睡眠不足、人工添加劑帶來的注意力問題

當許多家長發現孩子有注意力不佳的狀況時，都會感到很慌張，擔心自己孩子是否有注意力缺失過動症的傾向。但是，有很多孩子並不是真的有這方面的疾病，而是因為一些不適當的生活習慣所造成的，像是睡眠不足和食用過多人工添加劑的食物等。

☺ 缺乏睡眠時間導致的訊息流失問題

睡眠不足，儼然已經成為台灣兒童發展上的問題，在這個強調競爭力的時代，家長有著「不能讓孩子輸在起跑點的迷思」，使得現在的孩子似乎越來越忙碌，除了白天到學校上課，放學後又要繼續到安親班或課後輔導班拚命地上課和寫額外的作業，有空檔的時間又會安排上各式各樣的才藝課。身心俱疲的小孩回家後，想要放鬆一下心情，就會看看電視或是打一下電動，導致很晚才上床休息。

睡眠時間是兒童成長的關鍵因素，<u>人在睡眠期中，腦部內的細胞才得以獲得完整的休息，同時大腦會分泌生長激素</u>，這些生長激素是讓孩子可以長得高、長得壯的主要

物質。研究顯示，睡眠不足不僅會讓腦部運作緩慢，也會使孩子的覺醒度變低，進而減少孩子的專注力，也會降低孩子的記憶力。

良好的學習需要有足夠的注意力，才能夠抓取需要的訊息，而這些**重要的訊息要長期儲存在大腦中，需要在我們熟睡階段才會進行重新統整、歸納和儲存，形成長期記憶**。若我們缺乏睡眠時間，就容易導致訊息流失，降低記憶力。

☺ 飲食習慣不良引發的注意力問題

飲食習慣也是影響注意力的關鍵因素之一。兒童發展階段首重均衡飲食，盡可能讓孩子攝取新鮮健康的食物，避免食用含有食物添加劑的食品，以蔬菜水果替代色彩繽紛的零食點心，以白開水替代可樂汽水，如此一來，孩子注意力不佳的問題才有可能避免。

人工添加物　人們都喜歡吃口感佳的食物，但是，這些食物中經常加入食品添加劑，從鮮豔的糖果餅乾、冰淇淋、可樂、醃漬的蜜餞或是餐點使用的調味料，都含有人

工色素、膨鬆劑、糖精，味精等許多損害腦部神經的物質。甚至有些不肖業者為了降低成本，就在蛋糕、油條或甜甜圈等需要膨脹的糕點中，使用含有重金屬「鋁」的膨鬆劑，這些重金屬物質無法經由體內代謝，並且會直接損害到大腦的神經發育，導致破壞腦神經細胞，干擾神經傳遞物質合成，以致讓大腦運作效率減緩，產生注意力缺失，記憶衰退，甚至智力下降等問題。

反式脂肪及糖　除了食品添加劑之外，許多零食內含有大量的反式脂肪與糖分，這些物質也都會影響孩子的專注力。反式脂肪經常被使用在糕餅類或是油炸食品中，因此炸雞、炸薯條或是洋芋片當中都充滿著這些不好的脂肪，大量攝取會造成腦部的血管群阻塞與病變。通常好吃的食物口味都較重，尤其是「糖」的攝取，吃在嘴裡感覺甜甜

零食內常含有大量的反式脂肪與糖分不利專注力。

的，適當的糖攝取，也會讓心情覺得愉快。然而，吃過多的糖，不僅容易蛀牙外，還會誘發胰島素抗性，增加肥胖、代謝症候群疾病的機會，並使血壓、血糖、血脂升高，增加心血管疾病風險，並被懷疑可能也會增加癌症風險。根據 2018 年國民健康署報告建議，「每日飲食中，添加糖攝取量不宜超過總熱量的 10％」。美國心臟協會（American Heart Association）進一步指出，2 ～ 18 歲的兒童每天攝取的添加糖應低於 25 克，含糖飲料則建議每周應限制在 236cc 以下；2 歲以下的兒童更是不建議攝取任何含有添加糖的飲料或食物。

請教詹教授

孩子要睡多久才足夠？

多久的睡眠才足夠呢？依據美國國家睡眠基金會（National Sleep Foundation）建議：

1～2歲的幼兒 每日睡眠需有 11 小時~14 小時。

3～5歲的幼童 每日則需要有 11 小時～ 13 小時。

6～13歲的兒童 每日也需睡滿 9 小時～ 11 小時。

因此，擁有充足的睡眠可以改善孩子的注意力表現，提升學習的效果。

註：
❶ Posner, M.I., Orienting of attention. The Quarterly Journal of Experiment Psychology, 1980. 32(1): p. 3-25.
❷ Sternberg, R.J., Cognitive Psychology, ed. E. 2003, Wadsworth: Thomson lernung.

心得筆記

大腦 與 注意力 發展
的關鍵期

認識大腦結構與控制人的心智與情緒

〔案例〕

　　小乖今年5歲，平時活潑好動，但他因為動作協調不好常打到他人或是在活動中自己撞到而受傷，再加上脾氣比較任性，遇到不符合他意的事，就會有情緒的波動，當與其他小朋友一起玩時，也因此經常起衝突。所以，每次小乖和其他小朋友一起玩耍時，只要有人突然哇哇大哭，小乖的媽媽就會開始緊張並準備要去道歉。

　　雖然，媽媽和老師都已經跟小乖提醒過很多次，但是他仍然無法理解，為什麼其他人會生氣或是難過。此外，在學習方面，小乖的注意力也比一般孩子來得弱，對於這些問題一直困擾著小乖的媽媽，她非常想知道究竟是怎麼一回事？

認知能力，隨著孩子的年齡成長與提升

許多人都會很好奇為什麼有人 IQ 數值特別高、特別聰明；有人則是 EQ 佳、人際關係良好，到底我們的聰明才智和喜、怒、哀、樂的情緒是受什麼控制呢？其實，就是我們的「腦」。腦是**人體中最複雜的器官，它能控制我們的心智與情緒**。有鑑於近年來腦科學研究儀器的進步，我們才有機會對腦部一窺究竟。

提到心智發展，通常我們想到的是認知能力。在心理學中，認知能力定義廣泛，包括注意力、學習、記憶、思考力等，這些能力在兒童的認知發展過程中會逐漸成長與提升。

☺ 大腦的思考、情緒及空間辨識概念

(思考功能) 在學習的過程中，我們會將新的訊息經由注意力篩選進入大腦，透過分析、歸納、剔除、篩選等功能將有用的資訊儲存下來，形成我們的記憶。而「思考」是屬於更高層次的認知能力，必須依賴已有的記憶以及外界其它可以看到、聽到、摸到的各種資訊，去分析歸納而統整出一套完整的行為或思維。

例如，透過動作上的思考，像是眼前有一條水溝，人需要思考是否可直接跨過去還是需要助跑；或是藉由認知上的思考判斷，像是解決數學考試中常出現的應用題。

其實，當小孩子在玩遊戲時他們的頭腦也不斷地在進行思考與判斷，例如，玩紅綠燈時所有的孩子跑來跑去，當鬼的人必須隨時觀察誰離自己最近、誰跑得最慢以及誰最好抓等。有時候讓孩子多玩一些有意義的活動，反而是一種注意力的訓練。

（情緒辨識） 與人的相處需要透過理解他人的表情、行為、語氣等訊息來思考對方正在想什麼、想要表達什麼，有這層的理解才能避免在相處上產生誤會。

曾經有媽媽提到，她的小孩似乎無法判斷別人的臉色好壞，像是，明明知道爸爸已經在氣頭上了卻還是不斷地去招惹他；有時媽媽已經氣得快腦充血了，他卻還問：「媽媽，你到底在氣什麼？」惹別人生氣卻一點也不知道原因，這有可能是情緒辨識上出了問題。

（空間辨識概念） 這也是一個重要的認知功能，當我們過馬路時，必須注意車子的移動方向和速度，當我們和車子的距離太接近或是發現車子的速度太快時，我們通常就會選擇停下來，這樣的訊息是動態的，不斷地在改變與調整，是屬於高層次的空間預測運作，屬於較高認知功能的處理。

但孩子的空間概念尚未發展成熟，會無法判斷車子的速度與距離感，所以過馬路時需要特別注意。此外，有些孩子在玩遊戲時比較容易接不到球、走路東撞西撞，甚至經常撞到頭，這也是因為空間認知功能發展尚未成熟所導致。

☺ 腦部各結構的功能不一，各司其職

然而，想要更清楚的知道心智發展的進程，就需要先瞭解腦部的結構與功能。大腦（cerebrum）是腦部（brain）最大的一部份，占了 82％，其他部份是小腦（cerebellum）、間腦（diencephalon）與腦幹（brainstem）。

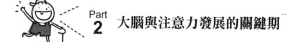

大腦的結構　成人的腦部僅占身體重量的 2 %（約 1400 至 1500 公克），是剛出生寶寶腦部重量的三倍。腦部早在胎兒時期的 2 至 3 個月期間就已經發育形成，而在六個月大時，胎兒的大腦就會開始出現皺摺（fold）。胎兒大腦的發展除了受到基因影響外，還會受到外在刺激所影響，例如，母體的飲食習慣、身體健康與行為情緒等。

左腦及右腦　大腦分為左右兩半腦，中間由胼胝體作為左右兩半腦的橋梁，讓兩邊的訊息可以聯繫，左半球控制我們身體右半邊的右手與右腳，而右半球控制左半邊的左手與左腳。然而左半球與右半球的結構並非完全對稱，功能也未完全相似。

目前所知，左側腦半球功能較多屬於負責邏輯、語言、數學、文字、推理與分析等「理性」層面，又稱為「理性腦」；右側腦半球則在非語詞性的認知方面占優勢，如對於三度空間的辨認、深度知覺、觸覺認識與音樂美術欣賞，此外，也擅長負責語言交流中情感面的表達，因此被稱為「感性腦」。

大腦 5 大區塊

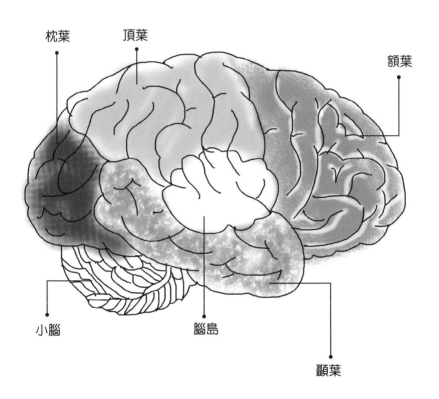

枕葉　　頂葉

額葉

小腦　　腦島

顳葉

　　大腦的左、右兩邊腦半球需要相互協調與合作，才能呈現最佳的功能 ❶。

(大腦分區)　科學家們根據大腦皺褶的紋路把大腦劃分成幾個區塊，依功能分為：額葉、頂葉、枕葉、顳葉和腦島五大區塊，這些區塊各自負責不同的功能，譬如動作、認知、知覺、情緒和記憶等。

　　但是，值得注意的是，每一個區塊並非各自獨立發展，而是互相交集、相互影響。而這本書所環繞的「注意力」議題，在大腦裡的運作是相當複雜的，並非是單單一個大腦區塊就能夠控制，需要整合大腦不同區塊才能順利執行 ❷。

(神經元)　腦部功能的運作活化度，是依賴大腦細胞的運作效率。人類腦部中最小的細胞單位稱為神經元，外觀像是狼牙棒，大腦是由一千億個神經元（neuro）所組成，而神經元需要藉由突觸（synapse）與其他神經元連結，每個神經元約有一萬至十萬個突觸，因此，人腦約有 10 的 14 次方個突觸。

所謂的「突觸」是神經元與神經元之間的聯結，藉由這些神經元分泌的生化性物質，如多巴胺、乙醯膽鹼、血清素和正腎上腺素等「神經傳遞物質（neurotransmitter）」，將訊息傳遞出去。

　　這些神經傳遞物質的濃度調控會影響到我們的心智功能與情緒調節。**神經傳遞物質分泌的過多或是不足會影響到我們的注意力、情緒、認知發展**，而若嚴重缺乏，甚至可能會造成注意力不集中或其他病症的產生。

　　因此，目前所知大腦中的神經傳遞物質（*血清素、多巴胺和正腎上腺素*）濃度調控效率高低會直接影響到孩子情緒的穩定度和注意力控制的精準度。

注意力集不集中，
由大腦決定

〔**案例**〕

　　小米 10 歲，是個聰明可愛的孩子，因爲在上課中都能注意聽講，下課後省下許多時間複習和寫作業，因此，他有更多的時間去運動和參加學校社團，學業成績與運動成績都表現很傑出。尤其他很喜歡踢足球，要將足球控制好，不僅需要有充沛的體能，還要有相當靈活的協調能力。

　　換句話說，小米需要靈活的注意力、精準的判斷力、高度的空間預測能力和立即的反應能力。注意力有許多面向，而大腦是如何來運作注意力的呢？

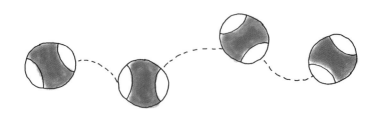

大腦的 3 大網絡——警覺性、導向性、執行性

近年來許多科學家試著藉由新型的腦科學儀器來分析與探討「注意力」機制是如何在大腦中運作。目前發現，大腦中有三個部分控制著我們的注意力運作，包括警覺性網絡、導向性網絡以及執行性網絡，這三個網絡彼此獨立運作，只有在需要的狀況下，才會相互合作。

☺ 警覺性網絡功能越佳，注意力越好

我們都有跑步的經驗，還記得小時候參加學校運動會一百公尺賽跑，老師說，「短短的一百公尺，時間很短，掌握起跑的時間是致勝的關鍵，必須一聽到裁判的槍聲響起就立即起跑。」所以，在預備起跑的當下我們絕對是「全神貫注，心無旁鶩」即使身旁轟隆巨響也不以為意。而在這段等待槍聲的過程中，我們就會受到注意力中的「警覺性網絡」運作影響。

警覺性網絡是由大腦額葉、頂葉與視丘區塊控制，視丘控制注意力的「警覺性」，而額葉與頂葉要「維持」注意力處在不斷警覺的狀態之下。然而，這個區域受到神經

傳遞物質正腎上腺素分泌的濃度影響其功能，當神經傳遞物質正腎上腺素分泌濃度過低時，孩子就無法維持清醒狀態，而會進入恍神的狀態 ❸。清醒度是決定注意力是否良好的首要指標，因此，好的注意力一定是處於高度覺醒狀態下的。

有趣的是，從磁照影的研究也發現，當額葉與頂葉活躍時心跳率是下降的。這也就是說，當我們屏氣凝神、全神貫注等待訊息指示時，心跳是較緩慢的。這也難怪在這樣的時刻，有時都會聽到自己「噗通，噗通」慢慢的心跳聲 ❹。

☺ 導向性網絡、執行性網絡， 與注意力的抽離和轉移有關

有一次，在一個大賣場看到一對母子的鬥智場面，正巧可以說明「導向性網絡」與「執行性網絡」。那個孩子被正在播放中的卡通影片給迷住了，怎麼叫他都不肯走，媽媽只好拉著孩子的手示意要離開，這時孩子卻哭哭鬧鬧地不肯走，拉扯一段時間後，聰明的媽媽想到賣場裡還有孩子喜歡的玩具，所以成功地轉移了孩子的注意力。

卡通影片有如強力磁鐵般的吸引力吸住孩子的注意力，這時孩子的專注力狀態很高，在這種情況下要孩子將注意力抽離出來轉移到媽媽或其他事物上是非常不容易的。所以媽媽需要提出一個強而有力的「刺激物」，如賣場裡的玩具等類似的方式來驅動孩子注意力的轉移，而這種注意力的轉移就是由大腦的導向性網絡運作所控制。

　　「導向性網絡」是大腦的頂葉上部，由顳頂葉聯合區、上丘（superior colliculus）和額葉眼動區控制，並受到神經傳遞物質乙醯膽鹼分泌的濃度影響，其中頂葉功能與注意力的抽離有關。我們會發現，有些孩子會一直集中注意力（專注）在某項事物上，無法自由地抽離或轉移，這可能與頂葉發展遲緩或是這區域的神經傳遞物質乙醯膽鹼濃度調節失調有關係❷❹。

　　在賣場二樓的玩具區再次見到那位媽媽和孩子，媽媽跟孩子說，「你去找一輛你喜歡的消防車模型吧！」在玩具區中有不同樣式的汽車模型，這時候孩子會快速地用眼睛搜尋，在紅色的汽車模型中發現他想要的那輛消防車。

　　以目標物「紅色消防車」來搜尋與偵測，同時排除其他顏色的車種，這就是一種非目標物的抑制能力，這種搜

尋與偵測的能力則是由執行性網絡來執行。執行性網絡功能與大腦前扣帶回與前額葉皮質區有關,並且受到神經傳遞物質多巴胺分泌濃度所調控。

另一個情境則是,假使孩子正在專心看卡通時,卻還能聽到媽媽叫他來吃飯的呼喚聲,代表他能夠從吵雜的環境中,排除其他聲音干擾聽到媽媽的指令,也表示這個孩子的大腦前扣帶迴和前額葉的運作效率良好。

然而,這兩個區塊不僅控制注意力的搜尋,也與語意記憶、工作記憶以及抑制功能有關。前扣帶迴和前額葉功能不佳的孩子會在生活上出現一些狀況,例如經常發生遺失物品及分析歸納能力不足等狀況。

因此,對於需要推理整合的數理課程,對他們而言就會變成一門難以戰勝的學科;對於生活瑣事也比較無法有計畫性與組織性的完成。

如果孩子的大腦前扣帶迴和前額葉的部份發展良好時,他的「導向性網絡注意力」與「執行性網絡注意力」都會表現良好。

如果**他在行為上的「抑制功能」表現佳，就有辦法自我控制打電動的時間或休閒的時間，並且能夠成功轉換到做功課及讀書的情境。**

　　這種自我控制良好的小朋友在成績上必定表現優良，反過來說，若發展不完全的孩子則會經常東忙西忙，卻還是沒有把該做的事情做完。

☺ 了解注意力運作機制，才能了解如何提升

　　從腦神經科學的角度來看注意力的運作，除了大腦不同區塊的分工合作，還有神經傳遞物質迴路的影響。正腎上腺素調控大腦覺醒度，讓我們對於外在的環境刺激訊息能夠有區辨能力；乙醯膽鹼的分泌可能影響我們注意力的轉移功能；多巴胺會影響注意力的搜尋功能與肌肉動作能力（如眼球肌肉控制）。瞭解這些注意力運作機制，就可以協助我們進一步從生物醫學的觀點，運用身體運動技巧來規劃提升注意力的訓練方式。

掌握孩子 4 至 10 歲 注意力發展關鍵期

〔案例〕

　　小新今年 8 歲是個安靜的孩子，雖然身材發育和其他同齡的孩子差不多，但是注意力學習狀況似乎比較緩慢，上課的時候總是會乖乖的坐在位置上，但看起來似乎又有些恍神和注意力分散，唯有老師喊他名字或特別強調時，他才能再把注意力集中在課堂上。

　　此外，媽媽發現小新做事情很喜歡拖，總是到最後一刻，才可能完成家庭作業或是整理明天要上學用的物品。平常走路常跌倒，尤其在上體育課時小新常常沒注意到有球傳來或是有人跑過來而發生傷害。小新到底是怎麼了呢？

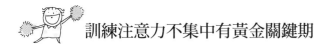

訓練注意力不集中有黃金關鍵期

相同年齡的孩子，注意力都會一樣嗎？相信大家的回答會是「不一樣，但是可能會差不多。」注意力的發展受到神經網絡成熟度影響，會因為不同的文化環境和孩子本身的個別差異而有所不同，加上每一位孩子的發展速度不一，因而會有「差異性」。

那麼，許多父母會問，「孩子在成長過程中，身體與心智都會隨著年齡發展而提升。那麼，孩子的注意力是如何發展？有沒有所謂的關鍵期呢？」

☺ 4 歲前為注意力轉移能力訓練的黃金期

注意力有不同的功能，各個功能的發展階段也不相同。注意力的發展大約是從嬰兒出生後就開始，這時大腦開始接受來自外在環境的大量刺激。有很多的爸媽會發現，小嬰兒對於外在環境新奇事物的刺激，會開始產生好奇心，可能是一個搖動的小熊玩具或是爸媽一個搞怪的表情。所以在這個階段，爸媽都很喜歡逗弄孩子，因為孩子很容易會被爸媽的怪表情或特殊的聲音所吸引而轉過頭來看，模

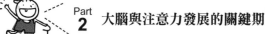

樣非常可愛。

　　注意力的發展其實在出生後大約兩個月開始形成，這時爸媽會發現小嬰兒在看著某一樣東西時似乎會出現專注的眼神，這是因為注意力的轉移功能尚未發展完全而出現的情形。這種注意力轉移的功能，到 4 歲左右才會大致發展完成，**所以 4 歲前的兒童較容易同一時間內只注意一件事物，而無法同時注意到周遭環境的變化**。研究顯示，四歲以前是注意力導向功能訓練的黃金時期，在這階段爸爸媽媽可以訓練孩子注意力轉移能力。

請教詹教授

為什麼孩子常只專注一件事而忽略自身安全？

　　特別提醒爸媽，四歲前的孩子注意力轉移功能還未完全發展完畢，所以孩子只能專注於一件事物上，不容易察覺到週遭事物變化，例如，為了撿一顆球而撞到樹，因為他的注意力只停留在那顆球上，卻沒有注意到旁邊有一棵樹。因此，這個階段父母需要多注意孩子的安全，以避免受傷。

☺ 發展階段的孩子適時提醒，警覺性可提高

孩子能不能持續的專心是許多家長關心的議題，這與注意力的警覺性以及持續性有關。上面的案例提到小新 8 歲了，但是他在上課當中所表現的專注力似乎比其他同學低，原因很有可能是因為 10 歲以前的孩子在警覺性注意力方面尚在發展階段，所以孩子之間的差異性會比較大。

另一個原因也可能是因為警覺性注意力還處於不穩定的發展狀態，所以年紀較小的孩子在沒有經常的提醒與指導下，無法將注意力維持在警醒狀態，導致經常會有分心的現象。因此，這個年齡階段的孩子注意力持續的時間較短，經常會受到環境中突然出現的刺激干擾而誘發分心的問題，然而只要家長或老師給予適當的指導與適時的提醒，都可以抓回孩子的注意力。

☺ 在吵雜環境中還能專心，表示有高度注意力

注意力中有一個相當重要的功能，就是能在吵雜混亂的環境中專心聽講或是專心做事的能力，這種能力是由注意力的執行性網絡所負責，它能夠讓我們排除不重要的訊息，只留住重要訊息的功能。研究發現，4 到 7 歲是這種

執行網絡的發展關鍵期,而7歲以後這樣的功能就會漸漸趨於穩定。

而這項功能也與其他認知能力有關,像是,執行網絡功能會影響到孩子的口語表達流暢能力以及對於外在事物反應的速度、孩子是否可以對於錯誤的經驗進而修正自己的行為、或思考的靈活度,以及執行一個抽象計畫或是推理的能力。這也是為什麼孩子4到7歲時,學習速度特別快,有時還會有古靈精怪的想法。

但是若認知靈活度不足,將容易出現固著性的行為,對於事物想法很執著,不易變通與學習類化。例如,堅持做某些事或不易變換流程和作息。因此,學齡前是孩子注意力控制中抑制能力發展的關鍵期❺。

從大腦神經學觀點來看,我們從出生後大腦不同區域的葡萄糖代謝開始大幅提升,尤其4到7歲期間大腦的葡萄糖代謝更是達到顛峰期,這時是成年人大腦皮質葡萄糖需求量的兩倍;4到10歲之間,大腦一直維持需要大量的營養補給,一直到青少年16到18歲,大腦的代謝量才會逐漸下降至與成年人相同❺。表示這階段腦神經元細胞正在蓬勃的發展和大量的運作,建立綿密的神經網絡,若在

這階段給予適當的注意力訓練，更可以有效促進負責控制注意力的神經元迴路形成強大且高效能的網絡。

從這裡我們可以得知，4 到 10 歲期間是腦成長的關鍵期，也是注意力發展的重要階段。

(4 歲以前) 家長可以在兒童 4 歲以前增加注意力的導向性功能訓練，例如可以準備多種的樂器（或打擊不同物品）發出不同聲音，讓孩子來辨別是哪個樂器或物品發出的聲音。

(4 到 10 歲) 4 到 10 歲可以強調注意力執行功能的訓練，例如，同時間做兩種以上的動作，邊踏步邊丟沙包來訓練注意力執行能力。

(兒童到青少年期) 兒童到青少年期可以加強訓練注意力警覺性，例如，動作反應能力訓練，來訓練注意力的警覺性。當注意力的執行能力和警覺性提升，孩子的專注力的持續性就可提升。

註：

❶ 馬青, et al., 人體生理學. 2013, 新北市：新文京開發.

❷ 李俊仁、阮啟弘, 大腦 認知與閱讀. 2010: 信誼基金會.

❸ Posner, M.I., Attention in cognitive neuroscience, in The cognitive neurosciences, M.S. Gazzaniga, Editor. 1995, MIT: Cambridge MA.

❹ Byrnes, J.P., Minds, brains, and learning: understanding the psychological and educational relevance of neuroscientific research. 2001: The Guilford Press.

❺ 林宜親, et al., 以認知神經科學取向探討兒童注意力的發展和學習之關聯. 教育心理學報, 2011. 42(3): p. 517-541.

吃什麼
可以增加注意力？

攝取均衡營養，補充醒腦食物

〔**案例**〕

　　小瑜，12 歲，有偏食問題，對於食物總是挑三揀四，因此身材看起來比其他同學瘦小。早上起床總是沒有胃口，常常不是空腹就是只有喝杯含糖飲料，像是經常喝了杯奶茶就出門上學。上學途中，精神不濟又睡眼惺忪，彷彿在半夢半醒中行走，有時還會撞到其他人或被絆倒，到學校上課時經常覺得昏昏沉沉，注意力不集中，對於任何事都提不起勁兒。

　　起先媽媽不以為意，但漸漸地發現小瑜在學習上產生困難，讓媽媽感到非常擔心。經過專家建議後，媽媽開始針對小瑜的生活習慣做改變，早上會替小瑜準備麵包夾蛋、牛奶和蔬果的早餐，自從改變了飲食習慣，小瑜早上的精神清醒度和學習狀態有大幅改善。

飲食對大腦神經發展及注意力影響很大

營養的攝取對於大腦的運作相當重要，但是要怎麼吃才可以讓大腦變得更清晰、提升注意力？營養的食物對於身體的關係有如汽油之於汽車，車子有適當的汽油就有動力可以跑，而且保持引擎不受損。

綜觀目前孩子的飲食習慣，並不是吃得不夠，而是吃得太多、太好。市面上充斥著許多精緻高醣類、油炸類食物以及一堆化學合成食品，這些食物看起來可口，吃起來口感很好，不過非但不能提升孩子的身體機能，還會耗損身體，甚至傷害大腦神經系統的運作，導致孩子感到身體疲憊、大腦渾沌、注意力不集中以及睡眠品質不佳。

良好的飲食習慣以及攝取正確的食物，對於正在發育中的孩子相當重要，這會直接影響到大腦神經發展狀況以及孩子的認知能力表現。

☺ 補充神經傳遞物的營養，改善注意力不足

談到有助於提升注意力的飲食前，需要先從控制大腦注意力的神經傳遞物質說起。國外研究發現，患有注意力

缺失過動症的孩子，大腦中的正腎上腺素與多巴胺這兩種神經傳遞物質分泌濃度不足，影響整體注意力的運作。因此，在飲食中補充能產生這類神經傳遞物質的營養，是可以適度改善注意力不足的現象。

(正腎上腺素迴路) 首先是有關清醒度的正腎上腺素迴路。注意力的好壞需要有良好的清醒度，清醒度是人對於外在環境的一種警覺性，主要由大腦中的神經傳遞物質正腎上腺素迴路所控制，當正腎上腺素迴路分泌的濃度不足時，會讓人感覺到昏沉、沒有活力，對於外在環境變化不容易察覺。

當孩子正處於這個狀況時，家長或是照顧者需要特別注意小孩的安全，避免讓孩子從事比較危險的活動，例如，攀爬較高的物體或是在較不安全的環境（如廚房），因為這時他的清醒度較低，對於周遭環境的應變能力較缺乏彈性，容易造成危險。

(多巴胺) 其次是神經傳遞物質多巴胺。多巴胺可以讓我們在吵雜的環境中排除其他干擾刺激，全神貫注於需要

專心的事物上。當多巴胺迴路分泌的濃度不足時，會產生對於事情無法專注、容易分心、判斷力下降、思考受阻、活力不足、昏昏欲睡以及做事缺乏動機的感覺。

☺ 早餐宜攝取優質蛋白質

正腎上腺素與多巴胺，這兩項神經傳遞物質都屬於兒茶酚胺類，是由蛋白質中的酪胺酸製造，因此攝取優質的蛋白質，就可以協助大腦正腎上腺素與多巴胺的合成，像是常見的魚肉類、雞蛋、豆類、鮮奶、乳酪和堅果類都是建議攝取的蛋白質來源。

早餐宜攝取優質的蛋白質來提升孩子大腦的清醒度。

　　這類食物最佳的攝取時間點是在早上，所以孩子每天最重要的第一件事就是要吃「對」健康的早餐。主要原因在於早上攝取這些富含蛋白質的食物，可以增加大腦中正腎上腺素與多巴胺合成的機會，提升孩子大腦的清醒度、促進思緒流暢度。

　　優質的早餐範例　一杯鮮乳或低糖豆漿（低糖優格）、一份水果和蔬菜、全穀雜糧吐司，再加上一份優質蛋白質（如：豆魚蛋肉類），都是早餐很好的選擇。此外，配上適量的腰果、核桃等堅果類，可讓大腦提振精神充滿能量。❶

☺ 飲食宜多取 Omega-3 不飽和脂肪酸、維生素 B 群

　　此外，我們平常多少都會吸收到環境中的毒素，或是從食物中不小心攝取到重金屬的物質，這些重金屬也會破壞大腦神經元細胞。

　　因此，攝取修補腦細胞所需的營養物質對我們人體相當重要，其中以攝取足夠的 Omega-3 不飽和脂肪酸、葉酸與維生素 B6 與 B12 是提升大腦功能的主要關鍵因素。Omega-3 不飽和脂肪酸可以修補大腦神經元的細胞膜以及降

低腦部細胞發炎，讓腦細胞可以順利運作。葉酸與維生素 B6 與 B12 則能增加大腦神經元上的神經傳遞物質接受器的靈敏度，讓分泌出來的神經傳遞物質容易被下一個神經元接收。

（優質攝取範例）在日常生活上，Omega-3 不飽和脂肪酸可以由深海魚油與亞麻籽油中獲得；葉酸則可從葉菜類蔬菜尤其是深綠色蔬菜，如芥菜、菠菜中獲得，其他像是豆類、小麥胚芽、香蕉、橘子、香瓜等水果中也有豐富的葉酸。富含維生素 B6 的食物有，肝臟、魚類、香蕉、肉類、蔬菜、核果類和蛋類等等；而含有維生素 B12 的食物有肝、蛋、奶、肉類、魚類等。這些都是有助於提升腦力與清醒度的食物。

富含不飽和脂肪酸與維生素 B 群的食物，都有助於提升腦力。

吃對食物，
孩子注意力自然提升

〔案例〕

佩佩是一個聰明又認真的孩子，個性乖巧，在學校成績都有不錯的表現，但是在升上五年級之後，因為課業份量逐漸地增加，她雖然每天依舊認真念書，想把課業顧好。

但是，她發現有時候會覺得自己的學習狀況不是很好，對於老師上課講解的內容，會無法專心聽講，不太容易理解所教的內容，尤其是遇到需要記憶的課程，如：國語、英文等科目會有更明顯的感覺。雖然這種狀況並不是天天發生，而是偶發的狀況，但是也對佩佩的學習信心造成了負面的影響。

經過專家建議之後媽媽在晚餐中增加了許多青菜，尤其是花椰菜和豆腐類食物以及小麥胚芽，一段時間過後，佩佩的心情與學習狀況有了明顯的改善。

均衡飲食，提升注意力的第一步

有時候我們出門買東西等待要結帳付費時會突然無法計算出總金額，但是平常並不會出現這樣的情形；或是在與人交談時，對方若打斷你說話，要再重新敘述一次時，卻又忘記剛剛要表達的內容。

交談中無法專心、忘記帶鑰匙出門、忘了把傘帶回家，感覺到大腦運作緩慢，尚未處於最佳狀態。這些現象很有可能是大腦神經傳遞物質乙醯膽鹼（acetylcholine，ACh）的分泌濃度不足所導致。

☺ 乙醯膽鹼是大腦靈活與認知的關鍵因素

神經傳遞物質乙醯膽鹼與注意力控制、學習、記憶以及在周圍神經系統中與肌肉收縮有關。當身體缺乏乙醯膽鹼，會感到全身懶洋洋、缺乏動機，甚至動作都會變得緩慢且不協調。研究發現，阿茲海默症，也就是我們所知的失智症，其發生原因可能就是大腦製造乙醯膽鹼的細胞發生障礙無法產生足夠的乙醯膽鹼，而影響到日常的生活功能。

在大腦中運作乙醯膽鹼的神經元稱為膽鹼性神經元，分佈極為廣泛，如感覺皮質與邊緣系統（調節感情與情緒區域），海馬迴（影響學習與記憶）、基底核的中間神經元（與動作協調有關）、腦幹網狀結構上型活化系統（清醒度有關）[2]，以及控制注意力導向性網絡的頂葉上部、顳頂葉聯合區、上丘與額葉眼動區 [3]，都佈滿乙醯膽鹼迴路。充裕的乙醯膽鹼合成量是維持大腦靈活運作與認知學習的關鍵因素。

乙醯膽鹼是由膽鹼（choline）和乙烯輔酶 A（acetyl coenzyme A）在膽鹼乙烯轉移酶（choline acetyltransferase）的催化合成下形成，經由體內的神經元製造合成，因此身體需要許多營養物作為製造的原料。

在過去傳統中，人參可以修補元氣增加腦力，主要原因是因為人參富含膽鹼物質，在體內轉換成乙醯膽鹼，增加刺激大腦皮質，可能增強記憶與思考的能力。但是畢竟人參是屬於相當昂貴的中藥材，並不是每個人都容易獲得的食材。

還記得在學生時代，媽媽幾乎每天都會煮花椰菜，烹調方式上可以用炒的或是水煮的作為變化，雖然我對於花椰菜並不特別喜歡，但是只記得媽媽說花椰菜對頭腦很好，是大腦的聰明藥，所以我還是會乖乖地把它吃光光，現在回想起來，聽媽媽的話似乎非常有道理。或許是這樣的營養補充，可以提升思考清晰度，尤其對於需要大量邏輯思考的數學科目，更是有顯著的功效。

　　（優質攝取範例）　一般生活中也是可以獲得具有優質的食物，例如，綠色蔬菜，尤其是花椰菜、甘藍菜、青花菜，其他像是小麥胚芽、豆腐、花生、啤酒酵母、動物的肝臟，皆可以獲得製造乙醯膽鹼時所需的膽鹼，建議不妨可以每週攝取這類的食物。

　　此外，卵磷脂含量高的食物包括，雞蛋、大豆及大豆製品也是相當好的食材，磷脂酸、膽鹼都是建構神經細胞膜的重要成分，它能修復受損的細胞膜，有助於乙醯膽鹼合成，使大腦變得更靈活，提升注意力靈活度與記憶力。爸媽在烹煮時可以經常變換不同種類的食材，作多樣性的變化，讓孩子維持對食物的好感。

讓孩子擁有良好的睡眠品質，讓大腦睡好覺的食物

〔案例〕

　　小慧今年十二歲，是個乖巧的女孩，深受師長的喜愛，平時喜歡做一些靜態的活動。但是她最近總是覺得睡不飽，感覺到疲累，上課也都無精打采，到了晚上睡覺時又不容易入睡，這種狀況已經持續一段時間了。

　　媽媽也發現她在睡覺時經常翻來覆去，似乎睡眠都很淺，也發覺到小慧變得不太開心，而且容易有較多的負面想法。經過專家建議，小慧開始把腰果、核桃、香蕉和全麥食物當零食吃後，心情樂觀許多而且睡眠品質也漸漸改善了。

人體的睡眠機制

你是否曾經有不自主出現負面想法、自信心低落、覺得易怒不耐煩、焦慮、恐慌、難以入睡或是睡眠品質不好的問題，這些現象很有可能是大腦神經傳遞物質血清素分泌不足所造成的原因。

血清素主要是控制心情好壞、睡眠品質、注意力與學習成效的神經傳遞物質。當大腦中有充分的血清素濃度，人就會感覺到開心、愉快、對世界充滿希望，每天晚上都能安穩入睡，擁有優質的睡眠品質為良好的注意力奠定基礎。

☺ 優質的睡眠品質週期

所謂優質睡眠品質的定義是什麼呢？研究指出，睡眠一個週期是由慢波睡眠（slow-wave sleep）與快速動眼睡眠（rapid-eye-movement sleep 或 REM sleep）所組成，而一個睡眠週期的時間約為九十至一百一十分鐘，一個夜晚大約會出現 4 到 5 次循環週期。

當我們睡覺時，第一個週期的快速動眼睡眠會比較短，直到最後一個週期的快速動眼睡眠會最長，接下來就會清

醒準備起床。在慢波睡眠階段，我們的心跳會減緩，體溫下降，大腦血液流量降低，這時候是身體放鬆休息最佳時機。另外，生長激素也會在這個階段大量釋放，是讓孩子長高的關鍵時間。而在快速動眼階段，生理方面反而會使得心跳加快、體溫升高，大腦血液流量增加，這個階段就是作夢的時間，只是睡眠中的夢境大都是屬於短期記憶，所以醒來時能記得的畫面或是美夢都不多了 ❹。若在慢波睡眠時被外界聲音干擾會覺得睡醒後還是很疲累，感覺沒有睡飽；但是，若在快速動眼睡眠時被中斷，則會覺得焦慮與容易產生憤怒感。

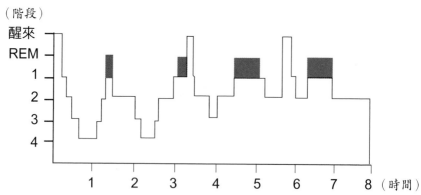

（成人一個晚上的睡眠週期，睡眠階段 1、2、3、4 爲慢波睡眠；REM 爲快速動眼睡眠）

因此，高品質的睡眠是在睡眠循環週期不被干擾打斷的狀態下，尤其是我們若能增加慢波睡眠的比例，身體自然就擁有更好的修補機會，睡醒後也會感覺到精神變得比較好。

☺ 攝取優質蛋白，穩定睡眠品質

腦部中有幾個區域與睡眠有關，如腦幹區域的中逢核（raphe nucleus）、內側視丘與前下視丘，這些區域的神經元都含有神經傳遞物質血清素迴路，血清素是決定睡眠狀態的關鍵物質。

血清素是合成退黑激素的前身，當體內有足夠的退黑激素時，就會容易入眠以及提升睡眠品質。退黑激素運作狀態則是受到光線影響，因此透過曬太陽、運動與活化血清素分泌系統，都是可以增加退黑激素的合成；到了晚上缺乏光線進入眼睛，尤其是在晚上九點左右，這時候退黑激素就會開始大量分泌，讓我們覺得疲憊想去睡覺，直到隔天天亮時分泌才會減少。

然而，良好**睡眠的第一步就是要讓血清素系統有完善的運作**，因此補充合成血清素的原料色胺酸是非常重要的

關鍵因素。色胺酸是人體必需的胺基酸，在人體中無法自行合成，只能從富含蛋白質的食物中攝取，再經由肝臟合成產生，血液中的色胺酸進入到血清素神經元迴路轉換合成血清素，合成的神經傳遞物質血清素會先存放於血清素神經元末梢突觸的小泡中準備釋放，由此可知，攝取優質的蛋白質對孩子而言相當重要。

適時的補充維生素 B6 以及礦物質鎂也對身體有益處。維生素 B6 是在色胺酸轉化成血清素過程中擔任重要的酵素觸媒，缺乏維生素 B6， 血清素將無法生成，而礦物質鎂通常會在我們有壓力之下或是從咖啡因中流失，因而阻礙血清素的合成。

另外，避免食用高糖份等加工食品，高糖飲食習慣會造成血清素在短時間內快速增加，但是又會快速流失，容易導致情緒呈現不穩定的現象。

（優質攝取範例） 富含色胺酸的食物有全麥食物、大豆製品、香蕉、牛奶、優酪乳、小米、腰果、核桃、葵瓜子、芝麻、南瓜子、開心果等。優質的肉類像是鱈魚、鮭魚等深海魚類。

（優質攝取範例） 在日常生活中肝臟、魚類、香蕉、肉類、蔬菜、核果類和蛋類等食材都含有豐富的維生素 B6，在奇異果、髮菜、空心菜、綠豆和紅豆裡則富含礦物質鎂，因此建議平時可多多攝取這些食物，同時也有助於提升睡眠品質。

營養素	攝取食物
多巴胺	乳製品、肉類、魚類、豆類及其製品、堅果類等
蛋白質	瘦肉（如，牛肉、豬肉、雞肉）、魚類、蛋、牛奶、乳酪、堅果類等
Omega-3	深海魚油、亞麻籽油、核桃、芥花油
葉酸	動物肝臟、酵母、綠葉蔬菜（如，蘆筍、青花椰菜、芥菜、菠菜）、豆類、燕麥、牛奶、蛋黃、紅蘿蔔、及某些柑橘類的水果（如，橘子）、香蕉、奇異果都是其豐富的來源（葉酸於人體的吸收利用率上，最佳的還是來自動物性食物）。
維生素 B6	全穀類、瘦肉（如，牛肉、豬肉、雞肉、魚類）、蔬菜和動物肝臟、啤酒酵母、牛奶、蛋、麥芽、香蕉、核果
維生素 B12	動物肝臟、瘦肉（如，牛肉、豬肉、雞肉）、魚類、蛋、牛奶、乳製品。
乙醯膽鹼	蛋黃、花生、小麥胚芽、動物肝臟、瘦肉（如，牛肉、豬肉、雞肉）、魚類、牛奶、起司、綠葉蔬菜（如，花椰菜、甘藍菜、青花菜）
色胺酸	全穀類、豆類及其製品、牛奶、優酪乳、堅果類、香蕉、深海魚類

註：
❶ 洪淑惠等 ： 我的餐盤聰明吃營養跟著來。衛生福利部國民健康署 . 2018
❷ 馬青，et al.，人體生理學 . 2013，新北市：新文京開發 .
❸ 李俊仁、阮啓弘，大腦 認知與閱讀 . 2010：信誼基金會 .
❹ 邵郊，生理心理學 . 1993，台北市：五南 .

運動 能有效開發
孩子的 大腦潛能

多動動，啟發大腦聰明力

〔**案例**〕

　　安迪是家中唯一的小孩，爸爸媽媽相當的寵愛他，從小都給他最好的東西，給他穿最新的服裝，吃最好的營養補品。安迪的爸媽認為，「不要讓孩子輸在起跑點上」。所以，大手筆讓安迪上昂貴的雙語幼兒園和各式各樣的課後才藝班，甚至坊間的大腦潛能開發班都安排讓安迪去上。

　　因此，安迪的生活都被課程排得滿滿的，沒有自己休息的時間。然而，大量的補習課程，不但沒有提升安迪的學習能力，反而降低對學習的興趣與思考力。什麼是大腦開發？又如何提升大腦運作呢？

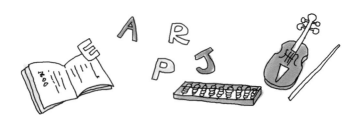

大量靜態和填鴨式課程無助於大腦活化

亞洲國家的父母，對於子女總是給予細心的照顧與呵護，在教育上，經常抱持對孩子「高度期待」的傳統教育觀，期望孩子能夠贏在起跑點。在孩子學會走、跑、跳之後，父母就會開始規劃各式「才藝課程」讓孩子多元學習，從珠心算、速讀、積木、美勞、語言學習等，無外乎希望孩子能高人一等。

才剛度過忙碌的幼兒階段後，進入小學就更緊繃了，早起上學、下課補習已經是種常態，每天拖著疲累的身體，總是睡不飽，營養攝取也不均衡，又得面對國語、數學、生活等學習壓力，一大堆的「靜態」課程，使孩子原有的活力無法釋放。

然而，過多的課程安排造成孩子時間被擠壓，沒有額外的遊戲或休息時間，如此崇尚大量記憶與標準化答案的教育系統，對於培養學生創造力與思考力受到很大的限制並導致反效果，對孩子的大腦運作也產生負面的影響。

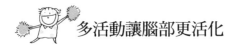

參加大腦潛能開發課程
可以讓孩子更聰明嗎？

許多父母為了讓孩子的大腦能更靈活，會讓小孩參加「大腦潛能開發」課程，使得坊間這類的補習班如雨後春筍般到處林立，即使價格不斐，家長依舊趨之若鶩。然而，許多潛能開發的方式，都屬於商業性行銷手法，這些缺乏科學性驗證的課程，是否真的對於大腦功能有效益？

其實，啟發孩子大腦潛能的方式並不困難，除了給予孩子充分的安全感、關懷與教育、均衡營養，再來就是讓孩子有充分的身體活動。沒錯，讓孩子多去運動，對大腦活化是最原始的開發潛能方法！

多活動讓腦部更活化

以前的人會說，「運動的小孩，頭腦簡單、四肢發達、學業成績不佳」。這樣的說法在現今已經被科學研究證明是錯誤的觀念。研究發現，<u>有充分運動量的孩子相對於缺乏活動量的孩子，腦部活化度來得高</u>。

☺ 運動能促進高層次思考能力的發展

　　美國在 2007 年進行一項試驗性研究，調查 171 位 7 至 11 歲的兒童，將兒童分成三組，每週進行 5 次運動，一共進行 13 週。研究團隊控制每組兒童單次的運動時間，分別為 A 組兒童進行 20 分鐘的運動，B 組進行 40 分鐘的運動，而 C 組為控制組，兒童並不會進行運動，每次結束後會透過測驗評估兒童的認知功能與學業成就表現。

　　調查結果發現，有進行運動的 A 組與 B 組兒童，在執行功能及數學能力表現上有明顯進步，也就是說**兒童在邏輯思考、計畫、判斷、決策和自我覺知等能力有所提升**。由此可知，運動能促進高層次思考能力的發展。

　　除此之外，其中有 20 位兒童參與大腦的功能性磁照影（fMRI）觀察，研究人員發現有運動的兒童在大腦前額葉位置的活躍程度有增加的情形。我們的前額葉主要是負責理性思考與推理判斷的能力，從功能性磁照影的發現，更能表示運動會增加腦部前額葉的新陳代謝，提升我們的理性分析與邏輯能力。

☺ 有氧運動有利思緒清晰

　　孩子只要出去動一動就能對腦部產生影響嗎？這是一

個很有趣的問題,的確,並不是身體簡單動一動就會對於腦部有所改變,而是要運動到身體處於有氧代謝的階段才會產生作用。

科學家研究發現,有氧運動可以增加大腦中血液循環,讓腦部獲得源源不絕的氧氣與養分,以及讓促使注意力集中的神經傳遞物質分泌增加,提升腦細胞間訊息傳遞速度及大腦執行運算能力,當運動量達到一定程度,這時就會感到靈光乍現、思緒清晰。

所謂的「有氧代謝運動」是指全身大部分肌肉都在運作,例如,跑、跳、游泳或遊戲等會讓心跳次數增加、呼吸循環次數提升,讓我們感覺到有點喘但是又不會呼吸不過來的狀態。由於不同的運動型態會產生不同的生理代謝機制,所以運動的強度與時間長短即成為影響大腦的關鍵要素。

在兒童階段,理想的運動強度大致可以控制在每分鐘心跳率 150 至 170 下(每位兒童生理狀況有其個別差異,需由專業人員評估其狀況),而運動時間建議每週至少 3 至 5 次,每次至少維持 30 分鐘到 60 分鐘。

所以當下次發現孩子們心情浮躁、思緒混亂時,不妨帶孩子到戶外玩一玩、跑跑跳跳、流流汗,運動完後他們的心情較能沉靜,思緒更加清晰。

運動倍增注意力和學習力

〔案例〕

　　小偉今年10歲，學習時常心不在焉、動來動去，媽媽總是說：「坐好，不要亂動。」老師也常說：「上課，要專心。」但小偉的內心總是想著「蛤？我明明沒有亂動啊！」可是身體就會不自主地晃來晃去，思索著「專心是什麼？」同時，這時候心思早已飛到窗外的藍天白雲上了。

　　當老師上完課時，小偉也不知道老師講了些什麼？只注意到剛剛有一隻鳥吃了一隻蟬。不過，很奇妙的是，每次上完體育課或運動完後，接下來的那一堂課，他似乎又能聽懂老師上課的內容了。也就是說，運動完後，他的「注意力」更能夠集中了。

 # 運動立即提升注意力與速讀力

的確,研究發現,運動可以提升專注力。集中注意力,就是腦部需要抑制我們的感覺器官(如眼睛的視覺、耳朵的聽覺等)不要接收「其他不相關的訊息」,只能接收「我們要的訊息」,而這種「抑制」的能力能夠忽略導致分心的干擾訊息並有效地維持專注力控制,延長注意力的時間。

☺ 手眼協調訓練提升注意力靈敏度

2008 年冰島的雷克雅維克大學 Budde 研究團隊進行了一項有趣的實驗,他們招募了 155 位 13 歲至 16 歲青少年,隨機分成兩組,一組進行 10 分鐘複雜性的雙手協調運動,另一組進行 10 分鐘一般性的身體運動。兩組運動強度皆控制在中強度上下,研究者想了解在這 10 分鐘短暫運動下,對於注意力靈敏度有無影響![1]

結果呈現,兩組在<u>運動後注意力靈敏度都提升了</u>,尤其是有進行複雜性的雙手協調運動組,明顯進步最多!因為複雜性協調運動能提升前額葉神經功能。根據此研究結果,可以說明<u>短暫複雜性的協調動作,具有立即提升注意</u>

<u>力靈敏度的效益</u> ❷。

　　然而，注意力的靈敏度影響著我們對於外在環境訊息的偵查能力，注意力靈敏度高的人，可以很快地察覺到外在訊息，辨別訊息的重要性，進一步集中注意力擷取所需的訊息。例如，在讀書時我們用雙眼尋找文章中的重點文句並了解含意，當注意力靈敏度高的時候，就可以增加閱讀速度。

　　德國 Paderborn 大學運動與腦科學中心亦進行一個有趣的「雜耍訓練與專注力」研究。將兩個小沙包放在一隻手裡，交替往空中丟或是用兩手交替丟 3 個沙包，要能夠很流暢的丟沙包，需要很好的手眼協調能力 ❸。

　　研究員招募了國小學童分為兩組，一組的學童進行 8 週，每週兩次，每次 45 分鐘的雜耍丟球訓練；另一組學童則沒有進行其他介入活動。透過腦波圖（EEG）觀察腦部活動的變化，腦波圖是一種可以反應腦內部運作變化狀態，經常使用於腦科學研究。

　　8 週後，研究團隊發現有練習丟球的學童在額葉的 Theta 波改變了，而 Theta 波是與注意力控制有關；相反地，另一組學童額葉的 Theta 波卻沒有變化。

研究員推測，進行規律的丟球等手眼協調訓練，對於提升專注力有明顯的功效。因此，孩子平常可以多多練習丟沙包遊戲，從練習 1 個沙包到 3 個沙包，類似的手眼協調動作，可以有效提升視覺專注力。

☺ 運動後可在短時間內增加大腦注意力

另一個有關腦波的研究，也可以幫助我們對於動作反應選擇之間的大腦認知處理過程有更深入的了解。在腦波實驗中，發現運動後可以在短時間內增加注意力、資源的分配以及縮短認知訊息處理的時間。

表示運動後大腦的注意力、選擇判斷能力、計畫和運算能力都被提升了，尤其是需要在專注時排除其他不相干訊息的抑制功能，也會在運動後立即提升。

在大腦區域網絡的功能方面，前額葉、顳葉與頂葉等相關區域與抑制處理有關，而這些網絡在一些研究中也被證實與數學或閱讀等學業表現有關。像是運動後常會有茅塞頓開的感覺，對於原本想不通的問題似乎一下子就理清了頭緒，複雜的數學習題突然也變得很容易，以上這些情況就是腦部活化後的效應。

因此，運動對於大腦注意力的提升，不僅有長期的正面效果，也有立即性的效益。所以當孩子需要專注學習或是邏輯思考前，建議能先去進行 30 分鐘運動，這樣可以增加注意力的效能。

運動過度會影響成績嗎？

「業精於勤，荒於嬉」是許多長輩對於孩子耳提面命的話。「玩耍」似乎在我們以前的教育精神中存在著負面觀感！然而，運動與遊戲對於腦部認知學習沒有正面影響嗎？其實，結果可能與你想的不一樣！

許多研究中也發現，**身體活動有助於學齡兒童在認知上的發展**，從一些探討身體適能、身體活動與學業表現之間關係的研究來看，發現身體活動與學業表現之間呈現正向關係[4]，因此從事身體活動時間越長的兒童，他們的學業表現也會越突出。

運動可帶來兩種影響，一為運動後立即性產生的效益，二為長期規律運動增加腦神經活化度。其中，有研究證據顯示，維持長期性的身體活動對於成長中的孩子們影響是最大的。

☺ 經常運動有助抗壓性高及學習

「運動有助於學習」的觀念逐漸受到重視，我們發現，經常運動的孩子在空間判斷能力、注意力、學習能力、情緒控制能力及抗壓性上的表現，明顯比一般缺乏運動的兒童來得好。例如，美國的學校曾推行「零時體育課」，讓學生在正式上課之前進行身體活動，後來證明這些學生在每天靜態學習前進行足夠的身體活動對於提升認知學習有明顯成效。

在 2001 年，Fisher 與團隊其他成員共同進行一項 10 週運動課程的介入性研究，發現實驗組孩子進行每週兩小時有氧運動強度的課程，與對照組進行兩小時一般教育課程的孩子相比，經過 10 週後那些進行有氧運動的孩子在認知量表與注意力表現有大幅進步❺，<u>尤其是對於更加困難和複雜的認知測驗進步幅度更大。</u>

有氧運動等於是大腦的加油站 根據運動的特性，有氧運動對於大腦有相當大的好處，宛如是大腦的加油站可讓大腦充滿能量。

有氧運動是一種長時間中低強度的運動負荷，如慢跑、健走、騎鐵馬以及游泳等運動，不僅可以提升心肺功能，並且可以增加腦部神經傳遞物質調節釋放。

　　（複雜性協調運動能提升學習速度）　對大腦有益的還有「複雜性協調運動」（例如踢毽子），它能重新連結大腦網絡增加運作效能。在生活當中，大腦無時無刻在接受外來訊息和刺激，經由判斷後做出選擇，進而產生動作反應。

　　然而，思考與判斷的時間會影響反應能力的表現，反應能力受到感覺的靈敏度、腦部的訊息處理效率與肢體動作功能所影響；兒童發展過程中，**給予適當的觸覺，前庭覺和本體覺等知覺刺激以及反應動作訓練**（例如 123 木頭人遊戲），可以提升腦部功能，減少決策運作所花費的時間。

　　這主要是因為腦神經具有可塑性（plasticity），經由不斷的刺激與練習，可促使腦神經元相互連結形成嚴密的腦神經網絡，當神經網絡緊密習慣化後，訊息傳遞便能快速找尋正確路線，大腦訊息處理的效率便會提升，使反應時間縮短。

☺ 手眼協調訓練有助空間預測功能

德國雷根斯堡大學的研究團隊運用三度空間核磁共振（3-D MRI）觀察空間判定的手眼協調訓練對於成年人腦部的影響，採用雜耍技巧中的兩手連續拋接 3 顆小球訓練，過程中不能讓小球掉落至地面上；這些參加實驗的人原本並不會這些雜耍技巧，經過幾週拋接球的手眼協調訓練後，能夠維持拋接 3 顆球，並且在 60 秒內不落地。

結果有驚人的發現，在 3-D 核磁共振影像中，腦部視覺區 hMT/V5 與左後側頭頂間溝（left posterior intraparietal sulcus）的灰質區域體積擴大了，這些區塊主導空間預測功能。透過手眼協調運動的訓練，改變了大腦的結構，使得大腦對於判別物體的位置更為精確。❻

因此，**技巧性動作（如彈樂器、運動）的學習與訓練，可以提升腦部功能和改變腦部結構**。隨著任務困難度的提升，可刺激腦部細胞的重整，這種變化可以增加神經元突觸內的電子化學性的接觸，促進神經分化和軸突的延長、活化腦部神經元連結，提升訊息傳遞速度與訊息處理效能，並且腦部體積也會產生改變，這就是腦部具有可塑的特性。

☺ 挑戰複雜任務誘發大腦學習機制

但是必須注意的是，要讓大腦產生可塑性需要在挑戰較為困難或複雜的任務上，且具有學習過程的機制時才會發生。例如，孩子從不會踢毽子，就先以持續踢毽子 3 下為目標，當可以輕易踢完 3 下，就必需提高目標難度，如 10 下為新的訓練目標。藉由不斷的增加目標難度，誘發大腦學習機制。

因此，無論年齡高低，都要接受多樣化的訊息刺激、嘗試學習多種的新事物讓腦部更加活化來加速學習新事物的能力！正如人們常說「活到老，學到老」，唯有不斷地學習，才能讓大腦越用越年輕。然而，透過運動訓練更能促使腦神經元連結與提升腦部功能，也會強化一般學習的能力。

逐漸增加踢毽子的難度，以誘發大腦學習。

訓練孩子記憶力，靠運動加速

〔案例〕

　　小安今年剛上七年級，學校課程的內容分量相對於六年級加倍許多，尤其需要記憶的課程增加，讓小安感到高度的課業壓力。他每天需要花費許多時間來準備學校的作業，因而降低了休閒和睡眠的時間，但效果並不理想，甚至每下愈況。在這情況下讓他慢慢感到學習上的焦慮，到處尋找提升記憶力的方法。

　　大腦的記憶容量，好比像是電腦的快速存取記憶體（RAM）和硬碟容量，隨著大腦活化和增加神經連結，可以將大腦的快速記憶體（短期記憶）和硬碟容量（長期記憶）大幅擴大，進而提升記憶速度和記憶的廣度。大腦的記憶系統如何運作，又如何增加記憶容量呢？

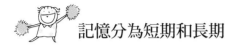 記憶分為短期和長期

　　成功學習的關鍵，從日常生活到學校上課，都需要使用記憶力。學生在學習過程中需要大量的記憶來完成學校的知識，再加上學習過程中有許多大大小小的考試，在面對如此龐大的訊息需要處理的情況之下，為了能記得更多的訊息，大家對於坊間的記憶教學補習班都趨之若鶩。無論是「超強記憶」或是「快速記憶」，這些記憶的技巧都只是協助我們去背誦一些文句，但並不是真的提升大腦的記憶機制，或許只是「商業效果大於實質效果」。

　　短期記憶　記憶並不是單一運作系統，可簡單分為兩個部份。有些訊息在大腦中只能存留很短的時間，也就是「短期記憶」。例如，對於一個新的住址或是新的電話號碼，在找尋到或撥打完畢後，原先記得的號碼或是地址就會自然地被忘記。然而，聽覺訊息和語意訊息比視覺訊息更容易儲存於短期記憶中，所以孩子在背課文時，首先會先明白課文內容後（了解語意），再大聲讀出來（知覺訊息）以增加記憶的效果❼。

　　此外，短期記憶很像是電腦的中央處理器（CPU）和快速存取記憶體（RAM）的合體，當短期記憶的運作良好可以容易將訊息轉換成長期記憶以作儲存。因此學習能力的好壞與短期記憶運作效率有密切的關係。短期記憶好的孩子除了在背國文課文和英文單字有優勢外，在學習數學上更有幫助，如學習幾何圖形，對於幾何圖形的形狀、大小、相對位置以及空間概念可以快速記憶和了解，並加以運用。

　　長期記憶　與學習最有相關的是「長期記憶」，長期記憶是資訊需要在大腦中停留一段時間後，可以藉由適當的線索隨時被提取出來。長期記憶又可分為「敘述性記憶」以及「程序性記憶」。譬如，上個週末早上，到哪家餐廳點了什麼菜？遇到什麼人？聊了什麼話題等，如果有適當的提取線索，這方面的記憶幾乎可以在大腦中無限量的儲存，這就是敘述性記憶。還有一種是形成記憶就不會再被改變的「程序性記憶」，例如，我們小時候學習騎腳踏車、彈奏樂器或是游泳，這些技術在學習完後，形成的記憶就不容易被遺忘。❽

運動可促使短期記憶更為順暢

　　許多人可能會有疑問，運動會影響記憶功能嗎？Kamijo 的研究團隊，針對兒童進行短期記憶研究，在學童每天放學後給予有氧運動的體育課程，總共為期 9 個月，有氧課程結束後再運用腦波檢測觀察記憶的表現。

　　結果發現，增加心肺適能和短期記憶的大腦認知控制有關聯，因此**進行身體運動可以有效促使短期記憶的運作更為順暢** ❾。這也是為什麼，經常跑跑跳跳，常常玩到滿身大汗的孩子，記憶力特別的好，有些爸爸媽媽反應，孩子常會記得他們說的話或一些事物，是他們都完全不記得的事。

☺ 有效的運動才助於提升記憶力

　　那麼只要有運動就會對記憶力有幫助？還是需要進行特別的運動模式才會對大腦記憶有更明顯的好處？關於這樣的問題，這裡分享一個有趣的實驗。

Pesce 的實驗招募了 11 至 12 歲的孩子,分為兩組,一組進行個人的循環式訓練,而另一組則是進行小組團隊遊戲。

循環式訓練是學習動作技能(把運動項目分成幾組,如拍球練習、單腳跳練習,每組做幾分鐘,依序循環),小組團隊遊戲則是學習競爭性和策略性的動作技能(例如小時候常玩的紅綠燈遊戲,除了奔跑外,還常有突然要做決策的反應動作,如向右跑或向左跳)。在運動後,採用單字記憶作為記憶評估標準,觀察兒童對於單字短期的記憶與長期的記憶表現。

研究發現,這兩種有氧運動形式皆會促使記憶的鞏固,但是只有小組競賽誘發具體認知活化且增強立即回憶,即表示能夠快速地從長期記憶中提取單字訊息。因此,**結合認知性與策略性的運動可以更有效提升孩子的記憶能力,認知性較高的複雜運動模式亦可以誘發更多的腦部活化**[10]。

美國喬治亞大學 DISHMAN 的研究團隊,觀察跑步後腦部的變化發現,部分下視丘區域的正腎上腺素濃度上升,並提出進行耐力運動訓練可以提升藍斑核

（locus coeruleus）、杏仁核（amygdalae）與海馬體（hippocampus）等區域功能的看法。有氧耐力運動提升腦源滋養因子（neurotrophic factor）以及所屬 mRNA 於海馬體、大腦與小腦區域，這些區域對於學習與記憶功能相當重要；尤其海馬體的功能與記憶力有密切相關，它提供了日常生活中必需的記憶功能，包含語意性、事件性及空間性記憶。另一方面，海馬回主掌學習，是大腦學習過程的主要因子 ⓫。

運動不但可以促進大腦血流量、提升腦部微血管密度，更可以觸發海馬回活化、誘發海馬回生長、增加海馬回容量，這也說明了為什麼孩子跑步後，會感覺到頭腦更加清醒、思緒更加清晰，學習效果更好的道理。

此外，有策略性或是肢體協調等**需要「用腦思考」的運動，可增加大腦神經元的連結，進而增加腦部運作、加速記憶能力**。因此，建議孩子每天都可以進行結合有氧與複雜性動作的運動，以增加大腦記憶能力。

註：

❶ Davis, C.L., et al., Effects of Aerobic Exercise on Overweight Children's Cognitive Functioning: A Randomized Controlled Trial. Res Q Exerc Sport, 2007. 78(5): p. 510-9.

❷ Budde, H., et al., Acute coordinative exercise improves attentional performance in adolescents. Neurosci Lett, 2008. 441(2): p. 219-223.

❸ Koutsandreou, F., et al., Jonglieren steigert die Gehirnaktivität von Grundsch lern. Deutsche Zeitschrift for Sportmedizin, 2012. 63(7-8): p. 224.

❹ Castelli, D.M., et al., Physical fitness and academic achievement in third- and fifth-grade students. J Sport Exerc Psychol, 2007. 29(2): p. 239-52.

❺ Fisher, A., et al., Effects of a physical education intervention on cognitive function in young children: randomized controlled pilot study. BMC Pediatr, 2011. 11: p. 97.

❻ Draganski, B., et al., Neuroplasticity: changes in grey matter induced by training. Nature, 2004. 427(6972): p. 311-2.

❼ Sternberg, R.J., Cognitive Psychology, ed. E. 2003, Wadsworth: Thomson lernung.

❽ 李俊仁、阮啓弘，大腦 認知與閱讀. 2010：信誼基金會.

❾ Kamijo, K., M. Pontifex, and O.L. KC, The effects of an afterschool physical activity program on working memory in preadolescent children. Dev Sci, 2011. 14: p. 1046-58.

❿ Pesce, C., et al., Physical activity and mental performance in preadolescents: Effects of acute exercise on free-recall memory. Mental Health and Physical Activity, 2009. 2: p. 16-22.

⓫ Dishman, R.K., et al., Treadmill exercise training augments brain norepinephrine response to familiar and novel stress. Brain Research Bulletin, 2000. 52(5): p. 337-342.

運動力 等於 競爭力

多元化運動激發 孩子創造力

〔案例〕

　　小彤是資優班的學生，資優班的課程很活化，作業更需要思考與創意，每當小彤要完成這些作業時，都要花費許多時間，因為需要想很久才能動手做。

　　有一次，他坐在書桌前一整個下午，卻完全沒有任何創新的想法。這時哥哥找他一起去踢足球，沒想到在運動後，突然腦中充滿了新的創意點子。小彤覺得這實在太神奇了！因此，小彤之後遇到需要創意思考的作業，他不再靜靜坐在書桌前想，而是會出去動一動，讓大腦醞釀出創意的點子。

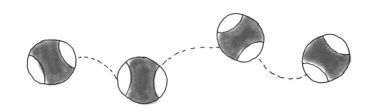

多樣性活動可提升孩子的創意思考

目前世界各國在教育系統中都積極培育兒童「創意與思考」的關鍵能力。然而，傳統重視大量記憶與一致化答案的台灣教育系統中，對於培養學生創意與思考力有很大的限制。孩子進入小學後，除了早上 8 個小時的學校生活，放學後又得到安親班報到，一整天下來的靜態課程，難免會讓孩子的頭腦越來越「僵化」。

創意與思考力需要從學習中習得，除了規畫多元性的課程內容，教學方式活潑化以外，更應該鼓勵孩子有多樣性的思考。不僅限於課堂上的內容改變，透過運動遊戲也可以激發孩子的創意力。

運動對於腦部的影響，不僅能提升邏輯思考和數理成績，對於創意能力也有激發的作用。Tuckman 和 Hinkle 的團隊，針對 9 歲到 12 歲的兒童給予 3 個月有氧運動課程，課程內容涵蓋各種多樣性活動，包括追逐、跑步遊戲、跳躍練習等有氧運動，並逐漸增加運動強度與調整內容難易度。

在完成運動課程後發現，這些兒童在創意能力測試數據上明顯進步，因此研究人員推論，**進行有氧跑步運動可以增加腦部的新陳代謝、活化腦部細胞，進而提升創意能力與思考能力。** ❶

我們要產生新的思考與獨特的創意，大腦需要不斷的活化運作，也就是大腦神經元細胞要增加連結並產生較多的突觸，這樣才能讓訊息傳遞與處理更加有效率。許多研究也發現，當我們在運動中進行複雜動作時，具有誘發大腦型態改變的功能，如海馬回、小腦與大腦皮質的神經生長。

又如很多形式的運動都需要運用到認知功能，像是與隊友合作、預測隊友和對手的位置與行為反應，戰術策略的應用以及適應不斷變換空間與速度的要求，也因如此**孩子在參與運動的同時，腦部活化程度會比較高。**

☺ 面對突發狀況的反應力

經常運動的孩子，面對突發狀況也會有比較好的因應策略，譬如，在相互對抗的籃球運動中，孩子一邊運球一邊移動，原本他要前進投籃，但對手的突然出現阻擋，他必須立即決策轉彎改變方向前進或是將球傳給隊友；這些情境並不是預先設定的，且很少有重複的狀況。當遇到突

發的情境干擾和問題時，孩子需要創造、監控、修改認知計畫以因應要求，這就是所謂的「解決問題」思考流程。

一項功能性磁照影的研究報告指出，當面對到困難情境和問題的情況下，這時頂葉與小腦有明顯活化現象，表示腦部正在運作和思考如何來解決問題，而解決問題的方式通常是「創造」出來的。經常誘發和訓練大腦區域，可以提升創造思考的運作效率和解決問題的能力。

許多運動項目包括認知刺激，如足球、籃球、鬼抓人遊戲等等皆有助於創造力的提升。建議可以盡量讓孩子嘗試具有認知刺激的運動，或許孩子在跑跑跳跳中，能夠激發他們的創意與思考力。

請教詹教授

隨年齡調整活動難度
有助提升認知及創造力嗎？

是的，這些運動遊戲情境需符合兒童的認知能力。對於年紀較小的幼童，太多的遊戲規則和複雜動作技巧較不適用，幼童反而會因為無法理解規則而感到挫折，無法從遊戲中獲益；反之，年紀較大的兒童對於一下子就可以掌握的活動，會因為缺乏挑戰性，而較不感興趣。因此，**活動難易度需依據孩子年齡與認知理解能力做調整，才可以達到訓練的效果。**

團隊運動能培養 孩子的領導力

〔案例〕

　　身為家中獨生子的小華，從小到大備受家中長輩的寵愛，聰明自負的他雖然在校成績表現傑出，卻常因為人緣不佳、缺乏玩伴而悶悶不樂。從小被奉在手掌心的小華總覺得自己高人一等，認為同學們的能力都不如他，加上獨子的特性，使他不知該如何與人分享，久而久之，同學們也都不願意與他互動了。

人際互動需靠學習而來

現今社會，是一個團隊合作的時代，良好的社交能力以及領導能力，是未來面對社會競爭力的重要基礎。從幼兒園到大學甚至出社會開始工作，每一個階段都需要學習與他人合作。

在團體中有靈活的社交能力，代表可以與同儕間建立起互信與合作關係。合作能力與領導力並非是先天就具備的能力，而是需要經過時間的學習與歷練才會慢慢被培養出來。因為「自私」是天性，而「分享與合作」則是教育出來的。

5歲時，幼兒會在使用工具及自我防衛方面，採取一種比較具侵略性的策略來保護自己的「資源（玩具或是朋友）」，開始對於自我意識與自身資源相當重視與維護，所以有時我們會看到幼兒為了捍衛自己的玩具資源，不願意與他人分享而動手去攻擊其他小孩。從這裡可以發現，**人際交往能力與團隊合作並非與生俱來，而是需要慢慢從教育中學習而來的。**

☺ 鼓勵孩子從參與團體運動中學習成長

人際互動能力的基礎在於學習如何幫助他人、與人合作、與他人分享自己的物品、等待、同情、關懷和安慰他人，但如何提升孩子的合作能力呢？除了透過行為教育外，藉由「團隊運動」也是個有效的方式。在團體運動中，孩子可以瞭解「成功」無法依賴無法藉由團隊中的特定個人取得，需藉由團隊合作才能達成。

良好的人際關係與領導力的培養並非一蹴可幾，從小就應該讓孩子多**接觸團體運動，讓每一個孩子在團體中學習如何扮演好自己的角色，並盡心盡力完成被指派的任務，**才能發揮良好的團隊精神。在團隊中，我們常說「幫助他人，就是幫助自己！」團隊運動讓孩子學習到彼此相互合作、體諒他人，與提升面對挫折時的忍受能力。

☺ 團隊運動培養優良的互助精神

在團隊運動中，孩子在具有運動訓練的壓力下，更能體會「每個人的能力雖然有限，但經由相互鼓勵與努力還是可以達到目標；而透過一起奮鬥的過程，可以營造共患

難的精神，形成生命共同體」。

　　孩子會從中了解，在運動競賽中，每個人有自己扮演的角色與任務，遇到任何挑戰與困難都需要倚靠團隊合作，相互加油打氣，以正向的態度面對才能克服，並非仰賴個人單打獨鬥就可以成功。而這也是團隊運動的價值，從中創造相互扶持的團隊精神。

☺ 競賽能養成團隊力、領導力

　　假若你有參加團隊活動的經驗，通常會知道在團隊中會有隊長與學長的概念。在這樣的組織架構下，多半會由較資深的學長們承擔較多的責任，並肩負起照顧年紀輕的學弟妹，並藉此培養年紀較輕的隊員（或新成員）服從的精神。

　　然而，領導力並不是「指使」隊員做事那麼簡單，而是與隊員共同努力、承擔勝敗，因此在競賽中可以提供很好的團隊力與領導力的訓練機會。國際上有許多優秀的企業家與執行長都非常熱衷參與運動賽事，如擅長跑馬拉松的西門子執行長克倫菲爾、愛駕帆船的甲骨文執行長艾利森，以及喜愛挑戰極限運動的維珍集團創辦人布蘭森。我們可以看到這些企業家經由運動，挑戰個人目標，將那份堅持、永不放棄的精神運用在企業經營中，發揮領導的能力。

拒為媽寶，
用運動增加抗壓力

〔案例〕

　　小智是個個性內向的孩子，父親因工作繁忙，所以大多時間由媽媽一人照顧他。媽媽對他相當的寵愛，不讓他吃一點苦，這樣也養成小智依賴的個性。遇到任何的問題或事情，只要不如他所願就會對媽媽大發脾氣，或是自己焦慮地啃手指，每每都得啃到流血才甘心。

　　媽媽一方面心疼小智的辛苦，總是盡可能的幫忙，包括寫學校作業和做勞作；另一方面又擔心小智的抗壓性太低，長大後會成為「媽寶」，無法面對未來更多的挑戰。

運動有助預防焦慮，產生正面情緒

工作壓力讓上班族焦慮，教養問題讓爸媽焦慮，網路當機會讓每個人都焦慮，甚至抓狂！

生活上總是有許多事物會讓我們感到心煩，焦慮則是當壓力反應持續到一個水準時，激發身體的交感神經，提升精神來應付外在狀況的自然生理反應。這種反應會讓人感到緊張、不安、呼吸急促、心跳加速，大量冒汗，甚至會有胸悶的感覺。

☺ 適當的運動對情緒及行為皆有益

在神經科學研究發現，運動可以明顯減低壓力感與焦慮感。美國研究中心招募了 54 位焦慮指數高的大學生，將他們隨機分為兩組，並給予不同的運動強度（一組是中高強度的有氧跑步運動，另一組是低強度的走路運動），總共進行 6 次，每次進行 20 分鐘的跑步機運動。

結果發現，這兩組大學生的焦慮程度都明顯下降，尤其是中高強度組別的大學生，他們在運動後降低焦慮的效果更快。此外，只有中高強度跑步組感覺到對自己的焦慮狀況不再那麼的恐懼❷。

適當的運動對人的情緒與行為功能皆有很大的正面效益。運動可以改變大腦負責認知和情緒行為運作的區域，調節腦部神經傳遞物質分泌的效能，以及增加腦部血液流量，誘發腦神經細胞的連結。這些神經傳遞物質濃度的調整，不僅能改善憂鬱與焦慮症狀，也能增加我們在面對壓力時，能有更多的正面情緒。

強烈推薦中高強度的運動對於降低焦慮和提升抗壓性有明顯的效益，例如，跑步、騎車、游泳等等這類的有氧運動，可以中斷大腦的焦慮回饋迴路，同時運動 15 至 20 分鐘後，腦部影響情緒調節的重要物質血清素以及安基丁酸（GABA）就會逐漸開始大量分泌。

☺ 運動解決孩子的情緒困擾

生活中壓力無所不在，所以如何面對壓力和如何排解焦慮，是成長教育中相當重要的課題。孩子的情緒發展在成長過程中，受到個性、生理、家庭、環境與同儕朋友等諸多因素影響，當其中的部分因素導致孩子內心產生衝突時，就有可能會誘發情緒與行為上的問題；一旦孩子出現脫序的情緒與行為表現時，就會成為父母親與教師感到最為棘手的問題。然而，孩子在學習面對壓力和控制情緒之

前，情境與成人的引導是相當重要的。

☺ 藉由運動來提升高度抗壓的能力

高度抗壓性並不是與生俱來，而是需要後天的教導或是訓練才能慢慢提升。如何培養與增加孩子的抗壓性呢？在教育過程中，運動教育是最能夠在短時間內全方位提升孩子抗壓的有效方式，對於不太喜愛運動的人，可能無法了解其中的奧妙。

事實上，參與團體活動與遊戲的好處非常多，像是能夠提供孩子學習與人相處的機會，藉以培養面對挫折時所需要的情緒調整能力等；尤其以「遊戲式的運動」更可以提升個人的體能狀態、加強情緒調節控管、學習社交技巧以及提升自律行為，還能透過參與活動提升個人的自信心，使孩子獲得滿足感，達到抒壓、愉悅等正向情緒回饋，有助於正向的人格發展。

例如，練習攀岩運動的時候，大家會相互合作，當一個人在攀爬岩壁時，同時會有另一個人拉著繩索來保護他。對於攀爬岩壁的孩子，除了訓練到他的體能繼續往上爬，也訓練他能夠以沉著的精神面對困難度增加的挑戰，這就是一種很好的抗壓性訓練。

☺ 學習面對挫折的勇氣

在參與運動訓練中，孩子可以學習了解自己的能力，像是如何去設定目標、承受壓力與堅持紀律的態度，而在運動競賽中更可以訓練孩子處於高度壓力下仍保持正向思考、全力以赴的態度，尤其最重要的是要能學習不怕面對失敗的精神，也就是「勇氣」的培養。

孩子在面對學習上或生活上的新挑戰，常因害怕而不敢去嘗試，總會說「我不要」或「我不敢」來逃避，這樣的心態會造成「缺乏自信和退縮的行為」。這類的情況尤其在學業方面表現上特別明顯，許多孩子很怕數學或英文，導致每當遇到相關科目，還沒開始前就先投降，進而產生焦慮及逃避心理，因為沒有接受挑戰的勇氣，導致孩子漸漸對自己越來越沒有自信。

註：

❶ uckman, B.W. and J.S. Hinkle, An experimental study of the physical and psychological effects of aerobic exercise on schoolchildren. Health Psychol, 1986. 5(3): p. 197-207.

❷ Broman-Fulks, J.J., et al., Effects of aerobic exercise on anxiety sensitivity. Behaviour Research and Therapy, 2004. 42(2): p. 125-136.

心得筆記

6

動一動，增強
孩子的 注意力

有氧運動
改變大腦靈活度

　　運動可以提升孩子的身體健康以及大腦功能，但並不是任何的運動都會有這方面的正面效益。然而，不正確的運動模式和過多的運動量會阻礙孩子的發展，甚至產生傷害。

　　從運動醫學觀點來看，運動並不只侷限於田徑、游泳、網球等運動項目，而是將身體運動過程中所使用的能量供給系統以及神經控制系統產生的效益作為區隔分類。

　　根據科學研究發現，**當身體進行有氧運動時可以增加大腦神經活化，而從事知覺動作訓練可以促進增加大腦神經連結，有助於提升注意力**。

有氧運動，增加大腦神經活化的訓練

　　哪些運動可以增加大腦神經活化？舉凡**快走、慢跑、跳舞、騎車**等有氧運動，都是屬於有益於大腦神經元代謝

的運動類型。這類型的運動可以增加提升注意力的神經傳遞物質（如多巴胺系統、血清素系統以及正腎上腺素系統）釋放分泌，增加細胞新陳代謝率 (Meeusen,2005)，同時，這類型運動也可以增加大腦血液流量及腦源滋養因子（BDNF）的合成分泌，進而活化大腦細胞。

在進行上述的運動時，身體會有一點負荷的感覺，但是又不會太喘，這樣的強度就是最理想的有氧運動。這類運動經常是**動作簡單、重複性高、可長時間進行，重點是運動強度並不會很高**，所以動起來會感覺到有點喘，但又不會太喘的狀況。

知覺動作訓練，增加大腦神經連結的訓練

知覺動作性運動是一種強調多元性知覺刺激及動作複雜度高的動作，例如，雙手練習丟 3 顆沙包或反應協調動作，這種多樣性的知覺刺激或是同一時間進行兩種以上的動作任務，隨著知覺動作能力的提升，因而伴隨著認知與注意力控制能力的增加。

這類型的訓練會改善大腦中樞神經系統以及神經肌肉

系統的功能，增加神經元突觸內的電子化學性的接觸，提升訊息傳遞速度與訊息處理效能。知覺動作性運動對於神經是一種全面性的刺激，漸進促使左右側腦部均衡發展，可以有效促進認知能力發展。

研究發現，在小學進行運動課程，有上運動課程的學童提升了學習成效與成績，推測是運動介入活化腦部細胞進而增加突觸連接，促使學習能力提升。

練習丟 3 顆沙包，有助注意力控制。

孩子的 15 分鐘居家注意力訓練計畫
三部份十階段居家注意力訓練

　　在前面章節談到注意力有包含警覺性、導向性以及執行性三種功能，由於這些功能在大腦中相互連結且運作機制複雜，一般在日常生活上不易個別性的訓練。

　　此外，不同的運動型態與動作模式對於孩子大腦有不同的影響，因此本書運用動作科學分析歸納並依據動作的特殊性分類，從提升警覺性動作，到增加專注性以及改善靈敏度動作等來著手。

　　在本章中提供從簡單到複雜的 15 分鐘居家注意力訓練計畫——「三部份十階段注意力訓練」建議，讓家長很容易在居家就可以教導孩子如何進行注意力訓練。

 擬定注意力訓練計畫訣竅

　　15 分鐘居家注意力訓練計畫——「三部份十階段注意力訓練」結合了安全、有效與省時三大重點，每天進行 15 分鐘可。訓練將注意力分成警覺性、專注性、靈敏性注意

力三大部份來進行。

從「基礎期」到「進階期」共分為十個階段，基礎期訓練為全面性提升大腦運作功能效率，而進階期將著重於警覺性注意力與專注力上的提升。爸媽可參考 P168 的「15分鐘居家注意力訓練計畫」來幫孩子規畫專屬的居家訓練計畫。

☺ 由簡至難的訓練，在歡樂中完成練習

爸媽可以讓孩子從適當階段開始訓練，當動作訓練內容可以在時間內完成，就可以進入下一個階段，若無法在時間內完成，就退回上一個階段重新練習，爸媽可以視孩子的能力來隨時調整計畫。

練習過程中，不要讓孩子感到有壓力，營造一個玩遊戲的情境，也可以與孩子一同參與動作比賽，讓訓練充滿歡樂與趣味。在愉快且競爭的氣氛下，可以激發孩子的內在動機與求勝鬥志，這時爸媽適時給與孩子充份的鼓勵與打氣，讓孩子在輕鬆環境下，歡樂中完成練習。

☺ 增加孩子訓練動機的方法

這裡提供幾個可以增加訓孩動機以協助孩子完成 15

分鐘訓練的小方法，當孩子不想做或想放棄時，爸媽可以試試以下的建議方式來激勵孩子持續完成。

訓練是否成功，「規律和恆心」是關鍵，運用科學研究證實，以運動輔以增強孩子動機的指導策略，可以有效改變大腦提升孩子的注意力。

分段完成 若孩子，無法依照「15 分鐘居家注意力訓練計畫」的建議執行及完成 15 分鐘的動作計畫，可以將動作重複的組數減半。當孩子漸漸熟練動作後，再恢復設定的組數。

完成後給予獎勵 「事後獎賞」是經常用來增加孩子參與動機的方式，雖然只是增加外在動機，但效果也很良好，建議可用積分貼紙、好寶寶章、小點心（健康蔬果）或是玩耍時間作為獎勵。

運用正面話語 正面的話語可以提升孩子正面的能量，當孩子表現良好時，爸媽應看到他「好的」一面給予鼓勵，這鼓勵需要是適當且具體的。例如，當孩子在活動中遇到挫折，爸媽可以說，「你好棒！已經完成了前面的動作了，再繼續加油，你可以全部完成的。」或是「你沒問題的！一步一步來，很快你就會學會這些動作了。」

正面的鼓勵就像是幫汽車加油，具體的鼓勵越多，油

就加得越滿，而負面的語言有如在汽車的油箱上鑽洞，負面的言語說得越多，油箱上的洞就越多，說得越難聽洞口越大。讓我們多一些鼓勵將孩子的油箱裝滿油吧！

親子競賽 遊戲之所以有趣是因為包含了競爭與挑戰的元素，當孩子在進行訓練時，建議爸媽一同參與，跟孩子做相同的動作，比賽誰先完成，同時相互鼓勵和打氣，這方式相當有效，可以順利增加孩子參與的動機。

練習時聽輕快音樂 有時我們在運動會中覺得無趣時，只要播放音樂就會鼓舞士氣，讓人覺得很愉快，因為練習只有短短 15 分鐘，爸媽可以選定一首輕快的歌曲，來提振孩子的士氣，並讓孩子知道在歌唱完時動作也應該要做完，協助孩子在時間內完成動作訓練，會更有激勵的效果。

注意事項

❶ 請維持孩子訓練空間的安全。

❷ 請家長在旁指導與協助。

❸ 適時提醒孩子喝水，補充孩子的水份。

❹ 若有身體不適請立即停止活動並休息。

提升「警覺性」注意力的動作

> **目標**　這部份的動作主要是以訓練大肢體動作，讓孩子全身大量活動，增加心肺性功能循環和提升大腦血液氧氣供給量，進而提升孩子的注意力清醒度和警覺性。

動作 1

原地快跑

注意事項　舉腿時，膝蓋不要高過髖部。若大腿或腳有任何不適請立即休息。

練習步驟

❶ 頭擺正，眼睛看前方。
❷ 肩膀放鬆，手臂自然往下放，手肘彎曲成 90 度擺動。
❸ 雙腳原地快步跑，手臂與大腿呈對稱型式擺動。

動作
2

超級瑪莉跳

注意事項　當跳下著地時，膝蓋要稍微彎曲，以減少對
膝蓋的衝擊力。

練習
步驟

① 頭擺正，眼睛看前方。
② 先微蹲，之後用力單腳跳躍，
同時對側邊的手臂向上舉。
③ 左右兩邊交替跳躍。
④ 盡可能向上跳高。

動出孩子的專注力動
作影片 QRCode

動作

3

蓋房子

注意事項 腰部與背部須打直,雙手臂向上和雙側延伸。

練習
步驟

① 雙手伸直向上合十,雙腳微彎。

② 右腳向外伸並腳尖點地,雙手同時放
   至兩側水平。

③ 再將腳併回,膝微彎,同時雙手伸直
   向上合十。

④ 左右邊交替進行。

動出孩子的專注力動
作影片 QRCode

動作

4

左右開弓

注意事項　練習初期，可先以慢動作的小跑步進行，之後再漸漸加快。

練習
步驟

❶ 原地小跑步。

❷ 每三步或五步後，一腳向外側伸直並腳尖點地。

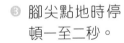

❸ 腳尖點地時停
　頓一至二秒。

❹ 左右交替。

動作

5

竹子舞

注意事項 練習初期動作須慢慢進行，注意勿踩到呼拉圈。

練習
步驟

❶ 先站在呼拉圈的右側，左腳先快速踏進圈內，接著右腳也快速踏進圈內。

❷ 左腳再跨到呼拉圈左側，右腳也跨到呼拉圈左側。

❸ 接下來重複同樣的動作，改由呼拉圈左側進入。

❹ 眼睛看前方，用餘光注意呼拉圈。

動出孩子的專注力動
作影片 QRCode

動作
6

向前跳圈圈

注意事項 只可向前跳，不可向後跳，注意勿踩到呼拉圈。

練習
步驟

❶ 先站在呼拉圈的
後側，雙腳一起跳
進圈內。

❷ 再向前跳出圈外，
眼睛看前方，用餘光
注意呼拉圈。

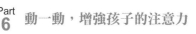

動作

7

左右跳圈圈

注意事項　雙腳併攏，注意勿踩到呼拉圈。

練習
步驟

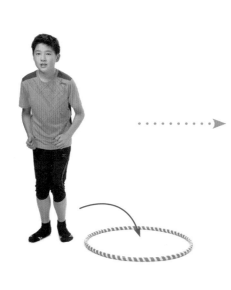

❶ 先站在呼拉圈的左側，雙腳一起跳進圈
　內，再向右側跳出圈外。

❷ 接下來重複同樣的動作，再從右側依據相
　同方式向左側跳入。

❸ 眼睛看前方，用餘光注意呼拉圈。

動作
8

伏地快跑

注意事項 手臂須伸直,當前腳屈膝時避免過度用力撞到胸部,後腳須伸直。

練習步驟

❶ 雙手扶地支撐身體,雙腳呈起跑姿勢,腰臀部維持身體重心穩定。

❷ 雙手不動,雙腳交替原地作跑步動作。

動作
9

鴨子走路

注意事項 維持身體重心穩定，注意呼吸調節。

練習
步驟

❶ 雙腳屈膝，兩手抓握左右腳踝蹲下，重心向前移。

❷ 兩手抓握左右腳踝向前行走。

屁股走路

注意事項 要在軟墊上進行，身體慢慢左右擺動，勿用力甩動。

練習步驟

❶ 臀部坐在地板上，雙腳膝蓋微彎，擺動雙手。

❷ 腰部用力，運用上半的力量擺動身體。

❸ 隨著腰部擺動，將臀部稍微提起，讓左右兩邊臀部向前移動。

增加「專注性」
注意力控制的動作

目標 這部份的動作是著重於促進左腦與右腦的聯結以及手眼協調功能,在練習中孩子必須集中注意力在身體的肌肉上和拋接的物體上,藉由這些訓練可以增加視覺追蹤功能和注意力控制力,進而提升專注力。

動作
1

對側手拍肩

注意事項　兩手須同時觸碰到身體定點。

練習步驟

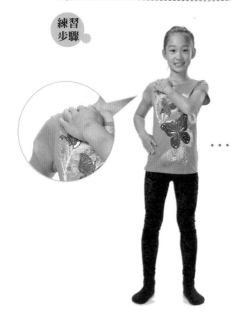

① 兩腳與肩同寬,自然輕鬆站立,雙眼凝視前方。

② 一手插腰,另一手觸碰對側肩部。

③ 相同動作兩側交替。

動作
2

對側手拍膝

注意事項　兩手須同時觸碰到身體定點，若動作已經流暢，可採用右肘觸碰左膝，左肘觸碰右膝來增加難度。

練習
步驟

① 兩腳與肩同寬，自然輕鬆站立，雙眼凝視前方。
② 左手伸出拍右膝蓋，右手伸出拍左膝蓋。
③ 相同動作兩側交替。

動作
3

對側手拍腳

注意事項　腰部打直，身體維持平衡。

練習
步驟

① 兩腳與肩同寬，自然輕鬆站立，
　雙眼凝視前方。
② 屈膝抬腳，左手伸出拍右腳踝，
　右手伸出拍左腳踝。
③ 相同動作兩側交替。

動作

4

對側手拍腳跟

注意事項 腰部打直，身體維持平衡。

練習
步驟

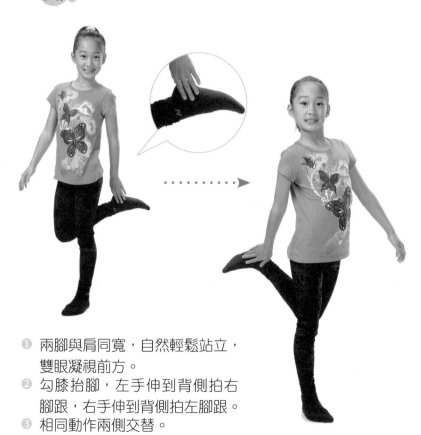

① 兩腳與肩同寬，自然輕鬆站立，
雙眼凝視前方。
② 勾膝抬腳，左手伸到背側拍右
腳跟，右手伸到背側拍左腳跟。
③ 相同動作兩側交替。

動作
5

勾腳手拍肩

注意事項 肩部放輕鬆、腰部打直，站穩後再跳躍，維持身體平衡，碰肩、插腰和勾腳同時進行。

練習步驟

① 兩腳與肩同寬，自然輕鬆站立，雙眼凝視前方。
② 輕輕跳起，一手插腰，另一手觸碰對側肩部，插腰邊的腳向後勾起。
③ 相同動作兩側交替。

動作
6

企鵝走路

注意事項　· 注意腳部力量的控制，可採用屈膝方式，較
　　　　　　　容易控制氣球。
　　　　　　· 請選用彈性較佳的氣球，以避免雙腿將氣球
　　　　　　　夾破。

練習
步驟

① 雙手在胸前合十。
② 將氣球放至兩腿膝部之間，用腿輕輕夾住，勿
　　讓氣球跑掉。
③ 夾住氣球前／後走動。

動作
7

企鵝展翅

注意事項
- 注意腳部力量的控制，可採用屈膝方式，較容易控制氣球。
- 初期動作慢，注意身體平衡，確定每一步手腳可同時進行。

練習步驟

① 雙手在胸前合十。
② 將氣球放至兩腿膝部之間，用腿輕輕夾住，勿讓氣球跑掉。
③ 夾住氣球向前走動，每走一步同時雙手向上舉起再縮回胸前合十。

動作

8

仙女散花

注意事項 眼神凝視沙包，拋沙包的動作不要過大。

練習
步驟

❶ 一手握有沙包，兩腳與肩同寬，
　自然輕鬆站立，雙眼凝視前方。

❷ 跳躍同時將沙包丟高，對側腳
　向後勾起。

❸ 左右兩邊都練習。

動作
9

綠野仙蹤

注意事項　眼神凝視沙包，沙包拋到約至頭部高度即可。

練習
步驟

動出孩子的專注力動
作影片 QRCode

① 一手握有沙包，兩腳與肩同寬，自然輕
鬆站立，雙眼凝視前方。
② 抬膝踏步，依照踏步的節奏，左右兩手
將沙包做左右拋接動作。
③ 左右兩邊都練習。

動作
10

膝下接球

注意事項 腰部打直，膝蓋抬高，避免跳躍。

練習
步驟

① 一手握有沙包，兩腳與肩同寬，自然輕鬆踏步，雙眼凝視前方。
② 踏步時膝蓋抬高，依照踏步的節奏，單手將沙包經由膝蓋下方傳到對側由另一隻手接。
③ 左右交替練習。

動出孩子的專注力動作影片 QRCode

動作
11

大象鼻子

注意事項　丟沙包的手將沙包繞到另一手臂外側有弧度的高高拋出，眼睛注視沙包軌跡、當沙包落下時，再順勢接住。

練習
步驟

❶ 一手握有沙包，另一手臂向前伸直，兩腳與肩同寬，自然輕鬆站立，雙眼凝視前方。

❷ 手將沙包由身體內側繞到另一手臂外側拋高，再順手接住。

動出孩子的專注力動作影片 QRCode

❸ 左右交替練習。

動作
12

手背手心

注意事項　雙肩放輕鬆，手臂輕拋沙包約至頭部上方，眼睛凝視沙包。

練習
步驟

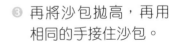

① 兩腳與肩同寬，自然輕鬆站立，雙眼凝視前方。
② 將沙包放至手背上。

③ 再將沙包拋高，再用相同的手接住沙包。

④ 左右交替練習。

動作
13

八仙過海

注意事項 站穩，眼睛凝視和追蹤沙包，注意力到與方
向控制，將沙包向上拋越過頭部。

練習
步驟

① 兩腳與肩同寬，自然輕
鬆站立，雙臂平舉，眼
睛看握沙包的手。

② 將沙包以拋物線方式
經過頭部向另一邊的
手拋出。

③ 由另一邊的手來接住。

動作
14

蜘蛛揹氣球

注意事項　練習初期，可以先不放氣球於腹部，只要練習
單手與單腳的平衡，學習控制身體的平衡感。

練習
步驟

① 先坐在地板上，用雙手
與雙腳將身體撐起來，讓
腹部呈平坦狀。
② 將氣球放至平坦的腹部
上，穩定後，先吸一口
氣。

③ 將一隻手與對稱的腳慢
慢舉起，同時慢慢吐氣維
持身體平衡，勿讓氣球掉
落。
④ 左右兩側交替練習。

激發注意力
「靈敏度」的動作

目標 這部份的動作是以訓練肢體精細動作控制為主，可增加大腦神經元聯結，提升大腦訊息處理效率，孩子在練習這部份動作時，先要求動作的精確度，再漸漸增加練習的速度。藉由這些訓練訓練可以增加孩子注意力的靈敏度和學習上的效率。

動作
1   順向蓮花指

注意事項　練習初期可先單手練習，速度由慢到快。

 練習步驟

❶ 雙手同時動作，以拇指對食指、拇指對中指、拇指對無名指到拇指對小指。

動出孩子的專注力動作影片 QRCode

❷ 再依序由拇指對小指向上進行。

動作

2

逆向蓮花指

注意事項　練習初期動作須慢，但要求準確。

練習
步驟

⬇

③ 雙手同時動作，一手拇指對食指，依序由上到下依序進行對指練習。

④ 另一手則先拇指對小指由下到上依序進行對指練習。

動出孩子的專注力動作影片 QRCode

動作

3

大拇哥與小指妹

注意事項　練習初期動作須慢，但要求準確。

練習
步驟

❶ 先雙手握拳。

❷ 一手拇指翹起，同時間另一手小指也翹起。

❸ 左右交替。

動出孩子的專注力動
作影片 QRCode

動作

4

正／逆向棉花糖轉手臂

注意事項　練習初期動作須慢，但要求準確。

練習
步驟

① 兩隻手肘彎曲手掌握拳在胸前。
② 先練習兩手轉同一方向。
③ 接下來練習，同時一手向前轉，另一手向後逆轉。
④ 左右手方向交替。

動出孩子的專注力動
作影片 QRCode

動作
5

神槍手

注意事項　練習初期動作須慢，可先從單手練習起，但要求準確。

練習
步驟

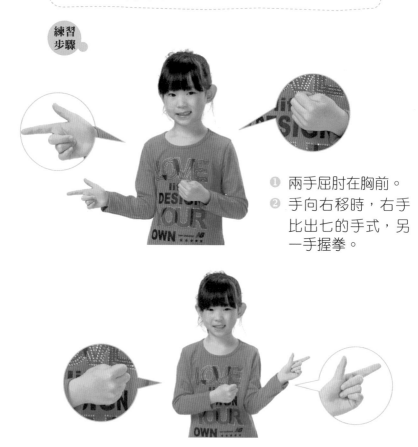

① 兩手屈肘在胸前。
② 手向右移時，右手比出七的手式，另一手握拳。

③ 手向左移時，左手比出七的手式，另一手握拳。
④ 左右手交替。

動作

雙指爬樓梯

注意事項　練習初期動作須慢，但要求準確。

練習
步驟

❶ 雙手屈肘在胸前。

❷ 一手的食指與另一手的拇指對碰，兩邊相互交替的轉動。

動作

7

巴黎鐵塔

注意事項 ・ 若沒有平衡板器材，可採雙腳墊腳尖的方式。
・ 維持平衡後五至十秒後就可休息。

練習
步驟

❶ 雙腳脫鞋站在紅豆餅
（平衡板）上，維持
平衡。

❷ 吸氣，慢慢的將雙手
由兩側舉起在頭上合
十，維持平衡。

動作
8

金雞獨立

注意事項
· 難度較高，須慢慢練習。
· 若沒有平衡板器材，可單腳站立練習。
· 維持平衡後 3 至 5 秒即可休息。

練習
步驟

❶ 單腳脫鞋站在紅豆餅（平衡板）上，雙手可先在兩邊維持平衡

❷ 眼睛直視前方，慢慢的將雙手由兩側舉起在頭上合十，維持平衡

動作

9

禮尚往來

注意事項 初期可先使用氣球，之後可換沙包以增加難度。

練習
步驟

❶ 親子活動，爸爸或媽媽可站
在紅豆餅（平衡板）上，先
維持平衡。

❷ 接下來進行拋接球的活動。

附錄

什麼是注意力不足過動症？

近幾年來，「過動症」一詞越來越受到大眾的關注，小孩的行為也時常被放大審視，只要一點點的行為不符合情境表現，就容易被冠上過動症的標記。其實，診斷注意力不足過動症需要經過一系列完整的臨床評估，包含各方面的資料收集，以及符合相關標準才能夠被評定。

注意力不足過動症 (Attention deficit /hyperactivity disorder, ADHD) 是一種神經發展疾患，常見於兒童時期，症狀嚴重的話甚至影響至青少年與成年期，主要的特質為不專心、過動、衝動行為。注意力缺失過動症異質性高，每個人在症狀上的表現差異很大，有些人在衝動的性格方面較為明顯，有些人則是較具有不專心的特質，因此，針對注意力缺失過動症的診斷必須極為謹慎，需經由兒童青少年精神科專科醫師作合宜的判斷。

目前注意力不足過動症診斷基準，常見的有美國精神醫學會出版的 DSM-5 和世界衛生組織的 ICD-10，兩者針對注意力不足過動症的診斷內容差異不大。這裡將針對 DSM-5 及 ICD-10 相關診斷準則作簡單介紹。

ICD-10

ICD 全名是國際疾病分類(International Classification of Diseases) 是由世界衛生組織(the World Health Organization, WHO) 依據疾病的特徵,將疾病按照規則分門別類,並以編碼方式表示之。目前國內使用國際疾病分類第十版修訂版 (ICD 10-CM),將注意力不足過動症歸為兒童期與青少年期疾患,稱為「過動活躍症」(hyperkinetic disorders, HKD),分類編號為 F90。在 ICD 10-CM 中,過動活躍症分為主要注意力缺失型(predominantly inattentive type)、主要過動型(predominantly hyperactive type)與複合型(combined type)三種類型。

典型症狀是 ❶ 做事經常粗心大意 ❷ 行為衝動 ❸ 不經思考常違反規定,所以難遵守紀律。

此外,過動活躍症的診斷需在六歲前出現症狀,這些症狀至少要在超過兩個場所(如學校、家中)出現,並排除躁鬱、憂鬱、焦慮疾患、廣泛性發展疾患及精神分裂症,才能符合其診斷標準[1]。

DSM-5

在臨床上，最常使用由美國精神醫學學會（American Psychiatric Association, APA）出版之《精神疾病診斷與統計手冊》（The Diagnostic and Statistical Manual of Mental Disorder，簡稱 DSM）作為 ADHD 的診斷準則 [2]。

美國精神醫學學會於 2013 年 5 月正式出版《精神疾病診斷準則手冊第五版》（DSM-5）。根據過去二十多年來，科學家進行相關注意力缺失過動症的研究發現，顯然已經證實注意力缺失過動症的症狀雖然出現於孩童時期，但是有些人的症狀卻會一直延續到成年時期。

在新版 DSM-5 中也認同相關研究證據的結果，將注意力缺失過動症歸為「神經發展疾患」，並且針對成年人的注意力缺失過動症作更精確的界定，亦影響了兒童及成人的診斷標準。對於 DSM-5 仍然保留對注意力缺失過動症的某些診斷準則，以下針對 DSM-5 與 DSM-IV-TR 重要改變做說明 [2, 3]：

☺ 症狀出現之年齡由 7 歲，修改放寬為 12 歲。

☺ 17 歲以上的青少年或是成年人則需符合過動—衝動

或不專注之 5 項症狀。

☺ 將分類取消「亞型 (subtypes)」，改以「表現型 (presentations)」表示之，並增加「(侷限性)不專注表現型」。

☺ 不排除自閉症類群障礙 (Autistic Spectrum Disorder，ASD) 的共病。

此外，DSM-5 在過動及衝動症狀準則中，新增四項定義。

❶ 不會三思而後行 ❷ 做事情常缺乏耐性等待 ❸ 在活動上或任務中無法有系統地慢慢做 ❹ 難拒絕誘惑或機會。對於注意力缺失過動症的診斷，DSM-5 也特別提出，目前對於注意力缺失過動症的病因，尚未發現能透過單一的生物學證據做為單獨診斷的依據，因此，評估過程中必須蒐集各方面的資料，觀察孩子的行為表現、與孩子實際作互動等方式，以了解小孩相關症狀出現時間點，作更完善的評估。

動出孩子的專注力 增訂版

簡單・安全・有效的兒童居家注意力運動訓練計畫

作　　者／詹元碩
選　　書／林小鈴
主　　編／陳雯琪

行銷經理／王維君
業務經理／羅越華
總 編 輯／林小鈴
發 行 人／何飛鵬
出　　版／新手父母出版
　　　　　城邦文化事業股份有限公司
　　　　　台北市中山區民生東路二段 141 號 8 樓
　　　　　電話：(02) 2500-7008　傳真：(02) 2502-7676
　　　　　E-mail：bwp.service@cite.com.tw
發　　行／英屬蓋曼群島商家庭傳媒股份有限公司城邦分公司
　　　　　台北市中山區民生東路二段 141 號 11 樓
　　　　　讀者服務專線：02-2500-7718；02-2500-7719
　　　　　24 小時傳真服務：02-2500-1900；02-2500-1991
　　　　　讀者服務信箱 E-mail：service@readingclub.com.tw
　　　　　劃撥帳號：19863813
　　　　　戶名：書虫股份有限公司

香港發行所／城邦（香港）出版集團有限公司
　　　　　香港灣仔駱克道 193 號東超商業中心 1F
　　　　　電話：(852) 2508-6231　傳真：(852) 2578-9337
　　　　　E-mail：hkcite@biznetvigator.com
馬新發行所／城邦（馬新）出版集團 Cite(M) Sdn. Bhd. (458372 U)
　　　　　11, Jalan 30D/146, Desa Tasik,
　　　　　Sungai Besi, 57000 Kuala Lumpur, Malaysia.
　　　　　電話：(603) 90563833　傳真：(603) 90562833

封面、版面設計／徐思文
內頁排版、插圖／徐思文
製版印刷／卡樂彩色製版印刷有限公司
2015 年 6 月 4 日 初版 1 刷　　2022 年 5 月 13 日 修訂 2.7 刷
定價 400 元
ISBN 978-986-5752-27-9　　EAN 4717702100896

國家圖書館出版品預行編目 (CIP) 資料

動出孩子的專注力 增訂版 / 詹元碩著 . — 初版
— 臺北市 ：新手父母，城邦文化出版 ：家庭傳媒
城邦分公司發行，2015.06
　　面 ；　公分 . —（好家教系列；SH0137）
ISBN 978-986-5752-27-9（平裝）

1. 親職教育 2. 注意力 3. 親子關係
528.2　　　　　　　　　　　　　　104007648